# Le Conseil des Nations Unies face aux activités liées au mercenariat

## Collection « Inter-National »

Cette collection a pour vocation de présenter les études les plus récentes sur les institutions, les politiques publiques et les forces politiques et culturelles à l'œuvre aujourd'hui. Au croisement des disciplines juridiques, des sciences politiques, des relations internationales, de l'histoire et de l'anthropologie, elle se propose, dans une perspective pluridisciplinaire, d'éclairer les enjeux de la scène mondiale et européenne.

### Dernières parutions

Georges LABRECQUE, *Les frontières maritimes en Asie*, 2025.
Marija PAVIĆEVIĆ, *La diplomatie migratoire de la Serbie*, 2025
Alain CHARDONNENS (trad., présent. et annot.), *Volodymyr Zelensky. Discours des premières semaines de guerre (24 février – 25 mars 2022)*, 2025.
Hugo GONZALEZ, *IA. La course entre la Chine et les États-Unis*, 2025
Bernard MOMMER, *Natural resources and globalization: petroleum and Venezuela as examples*, 2025.
Eduard TOKARSKIY, *La Russie au conseil de sécurité de l'ONU (1991-2017)*, 2024.
Giacomo MANTOVAN, *Les dieux manqués de l'Eelam, Militance, défaite et exil des combattants des Tigres Tamouls (Sri Lanka)*, 2024.
Vladimir POL, *Les relations Union européenne-Inde. Vingt ans de partenariat stratégique*, 2024.
Carole GRIMAUD, *Les étudiants face à la guerre russe en Ukraine. Perception et interprétation des informations*, 2024.
Fátima SA E MELO FERREIRA, Lúcia Maria BASTOS PEREIRA DAS NEVES et Joëlle CHASSIN (*coord.*), *Langages de l'identité et de la différence dans le monde ibéro-américain (1770-1890)*, 2024.
Sergio MOLINA GARCÍA, *La relation franco-espagnole lors de la convergence socialiste (1982-1995)*, 2024.
Leila BOUSSAID, *Migrations et droit international*, 2024.
Georges LABRECQUE, *Les frontières maritimes en Afrique*, 2024.
Darío Varela FERNÁNDEZ, *Charles Lesca (1887-1949) au service de l'hispanisme, du fascisme et de la collaboration*, 2024.
Hervé BAUDU, *Les routes maritimes arctiques. Enjeux économiques et géopolitiques*, édition enrichie, 2024.

**Elif Kayi-Chasseur**

# Le Conseil des Nations Unies face aux activités liées au mercenariat

**Préface de Thierry Garcia**

L'Harmattan

5-7, rue de l'École-Polytechnique – 75005 Paris
www.editions-harmattan.fr
ISBN : 978-2-336-48136-4
EAN : 9782336481364

# Préface

Le mercenariat, l'un des plus vieux métiers du monde, connaît une recrudescence depuis la fin de la guerre froide et de la bipolarisation des relations internationales entre l'Est et l'Ouest.

Se développant le plus souvent sous la forme d'entreprises militaires et de sécurité privées (EMSP) – à l'instar de *Blackwater* et du groupe Wagner – les activités liées au mercenariat constituent au 21ème siècle une menace à la paix et à la sécurité internationales, selon la qualification du Conseil de sécurité des Nations Unies (CSNU).

Cette appréhension du mercenariat par le CSNU a retenu l'attention de Madame KAYI-CHASSEUR dans cet ouvrage, qui présente un grand intérêt à la lumière des enjeux saillants d'un tel sujet sur les plans juridique, politique, économique et sociétal.

Possédant un sens aigu de l'analyse et un esprit de synthèse remarquable, l'auteure démontre parfaitement que le CSNU ne prend que partiellement en compte les activités liées au mercenariat, en raison d'une absence de définition générale et consensuelle de ce phénomène. Ainsi, seul l'individu mercenaire, en tant que personne physique, est saisi par cet organe principal des Nations Unies, tandis que les EMSP, personnes morales, échappent à son emprise.

Pour pallier cette lacune, l'auteure préconise, à juste titre, l'adoption d'une réglementation internationale dans son ensemble, incluant la condamnation du mercenariat par le CSNU en tant que menace à la paix et son encadrement juridique par les acteurs régionaux et nationaux pertinents.

Les pistes fertiles proposées témoignent de la nécessité d'une réglementation internationale à caractères obligatoire et contraignant pour enrayer les atteintes aux droits humains dues aux activités liées au mercenariat, les exactions commises par le groupe Wagner en Afrique et en Ukraine constituant, hélas, un exemple significatif.

Par conséquent, l'adoption d'une convention internationale encadrant toutes les formes de mercenariat, dans tous les espaces (terrestre, maritime, aérien, extra-atmosphérique, cyber), et des sanctions effectives en cas de violation des droits de l'homme et du droit humanitaire, nous semblent être les remèdes les plus adéquats pour lutter contre ce véritable fléau.

Toutefois, la nécessité sociale d'endiguer les activités liées au mercenariat qui violent les droits humains doit s'accompagner d'une réelle volonté politique des Etats, afin de parvenir à une action efficace.

Mais il est temps de laisser découvrir aux lecteurs l'ouvrage de Madame KAYI-CHASSEUR, qui constitue un apport certain et original aux recherches sur le mercenariat.

**Thierry Garcia,**
**université de Toulon, Aix Marseille univ, CNRS,**
**DICE, CDPC Jean-Claude Escarras, Toulon, France**

# INTRODUCTION

En février 2019, devant le Conseil de sécurité, le Secrétaire général des Nations Unies Antonio Guterres ouvrait le débat de haut niveau sur la menace du recours aux mercenaires pour la paix en Afrique en ces termes : « En Afrique, au centre des discussions d'aujourd'hui, les activités des mercenaires demeurent un grave sujet de préoccupation »[1]. Le représentant permanent de la France auprès des Nations Unies, François Delattre, ajoutait quant à lui que le mercenariat incarne « une véritable menace pour la paix et la sécurité du continent africain » et un « multiplicateur d'instabilité ».[2]

La question de la réglementation du mercenariat n'est pas un phénomène nouveau sur le plan international. Lors de l'élaboration de la Convention internationale contre le recrutement, l'utilisation, le financement et l'instruction des mercenaires, adoptée en 1989 par l'Organisation des Nations Unies, un consensus régnait parmi les États sur le fait que la présence de mercenaires constitue un facteur de déstabilisation et d'aggravation de la violence dans les conflits armés.[3] Cette position, désormais élargie au-delà du strict cadre des conflits armés, continue d'être partagée par l'ensemble des acteurs du droit international.

---

[1] *La présence de mercenaires les conflits et menace la stabilité de l'Afrique (ONU)*, Paix et Sécurité, Nations Unies, UN News, 4 février 2019.

[2] *Le phénomène du mercenariat constitue une menace pour la paix et la sécurité de l'Afrique* - Les activités mercenaires comme source d'insécurité et de déstabilisation en Afrique, M. François Delattre, représentant permanent de la France auprès des Nations unies Conseil de sécurité, 4 février 2019, Nations Unies.

[3] LEVERCHY C., « Définir le mercenaire puis lutter contre le mercenariat », *Cultures & Conflits*, 52 | HIVER 2003, Les entreprises para-privées de coercition : de nouveaux mercenaires ?, pp. 67-90.

L'expression « menace pour la paix et la sécurité » employée par le représentant de la France auprès des Nations Unies pour qualifier les activités de mercenaires est importante, car elle permet de situer la question du mercenariat dans le périmètre de compétence juridique du Conseil de sécurité des Nations Unies ; ce dernier s'étant vu confier pour principale mission, par la Charte de San Francisco, le « maintien de la paix et de la sécurité internationales »[1]. Au regard de la position d'une majorité d'États, cette constatation ne semble rencontrer aucune opposition particulière. Pour autant, bien que de nombreux États s'accordent sur l'appréciation du mercenariat en tant que facteur d'instabilité, les textes faisant référence à la notion de mercenariat ou aux activités qui lui sont liées ne permettent pas d'obtenir une définition précise desdites activités, ni surtout de leurs commanditaires.

Si l'étendue de la définition légale du concept de mercenaire est dépendante des qualifications opérées par les différentes juridictions – nationales ou internationales – et organisations internationales, on peut tenter d'esquisser une définition générale du mercenaire. Ce dernier, dans son acception traditionnelle, est entendu comme un individu engagé par un gouvernement ou une organisation – c'est-à-dire louant ses services – pour combattre dans un conflit armé ou d'autres opérations militaires, et qui n'est pas membre des forces armées de l'État sur le territoire duquel il opère. On retrouve ici deux éléments indispensables au concept de mercenaire, à savoir exercer une fonction militaire et/ou paramilitaire, et que cette contribution se fasse en échange du versement d'un avantage financier. À ces deux composantes positives s'ajoutent des critères exclusifs ou négatifs, à commencer par le fait qu'un mercenaire ne peut par exemple être membre de forces armées œuvrant sur leur propre territoire.

---

[1] Article 24 § 1 de la Charte des Nations Unies du 26 juin 1945.

Cette qualification du mercenaire se base notamment sur la définition fournie par la Convention internationale contre le recrutement, l'utilisation et l'instruction des mercenaires de 1989.[1] Cette dernière stipule qu'un mercenaire est spécialement recruté, localement ou à l'étranger, pour combattre dans un conflit armé, qu'il est motivé par un gain personnel – en pratique souvent financier -, qu'il n'est pas un ressortissant ou un résident de l'État sur le territoire duquel il opère, et qu'il n'est pas membre des forces armées d'une partie au conflit.

Le principe majeur qu'on retiendra concernant les critères posés par les différents textes internationaux pour qualifier le mercenaire est leur caractère extrêmement rigide. L'idée maîtresse du premier Protocole additionnel aux Conventions de Genève de 1949, dont s'est en partie inspirée la Convention de 1989, était d'exclure un maximum de situations, de manière à préserver la qualité de combattant pour les personnes impliquées dans des conflits, et que celles-ci puissent bénéficier des garanties posées par le droit des conflits armés et le droit international humanitaire. A l'époque des Conventions de Genève, seuls les conflits armés internationaux (CAI) étaient envisagés. La Convention de 1989 s'applique au-delà des seuls CAI pour inclure d'autres situations, notamment les conflits armés non internationaux (CANI), ce qui élargit le champ de compétence, mais seuls 37 États l'ont ratifiée, dont aucun membre permanent du Conseil de sécurité.

Il convient de noter que si la Convention de 1989 pose des critères positifs et négatifs pour qualifier un mercenaire, dans la droite lignée de l'article 47 paragraphe 2 du Protocole additionnel premier aux Conventions de Genève

---

[1] *Convention internationale contre le recrutement, l'utilisation, le financement et l'instruction de mercenaires*, 4 décembre 1989, adoptée par la résolution A/44/341 du 4 décembre 1989, Nations Unies, Recueil des Traités, vol. 2163, p. 75.

de 1949, qui imposait six critères cumulatifs, la définition du concept de mercenariat en lui-même demeure très vague. La Convention de l'Organisation de l'Union Africaine (OUA) sur l'élimination du mercenariat en Afrique va plus loin, érigeant le mercenariat au rang de « crime »[1], et ceci au-delà des seules situations de conflit armé. Mais la compétence *ratione loci* de la Convention limite sa portée sur le plan international. En droit international positif, on ne dispose donc que d'une définition floue du concept de mercenariat et des activités qui lui sont rattachées, qui repose sur la qualification du mercenaire à partir de critères.

À cette absence de définition déterminée vient s'ajouter une seconde difficulté, liée au fait que les critères posés par le droit international positif concernant la qualité de mercenaire sont, au-delà d'être extrêmement restrictifs, également anachroniques, car inadaptés à l'évolution récente du concept de mercenariat.

Depuis la fin de la guerre froide, la notion de mercenariat s'est complexifiée, passant à une forme qu'on qualifie parfois d'entrepreneuriale[2]. On parle désormais de « nouveau » mercenariat ou de « nouveaux » mercenaires[3]. Sous cette appellation, on entend les entreprises militaires et de sécurité privées (EMSP)[4], dont l'intensification est liée à la privatisation croissante des conflits. Il apparait que

---

[1] *Mercenaires et activités liées au mercenariat : évolution des formes, des tendances et des manifestations*, Rapport du Groupe de travail sur l'utilisation de mercenaires comme moyen de violer les droits de l'homme et d'empêcher l'exercice du droit des peoples à disposer d'eux-mêmes, 2020, Nations Unies, A/75/259.

[2] LE PAUTREMAT P., « Mercenariat et sociétés militaires privées : expressions divergentes de la privatisation des conflits ? », *Inflexions*, 2007/1 (N° 5), pp. 137 à 150.

[3] GARCIA T., « Privatisation du mercenariat et droit international », *Cités,* 2005/4 (n° 24), pp. 119 à 131.

[4] De nombreuses dénominations sont utilisées pour qualifier ces entreprises. Par souci de clarté, c'est cette appellation qui sera retenue dans le présent ouvrage.

les entreprises qu'on qualifie de « nouveaux » mercenaires sont actives dans des zones de conflit armé, et ce quel que soit leur statut juridique dans leur droit national, c'est-à-dire qu'elles soient légales ou illégales. Leur engagement recouvre un vaste champ d'activités et de services, allant de la participation directe à des conflits armés – comme le groupe Wagner sur le territoire ukrainien – à des opérations qu'on peut qualifier de maintien de l'ordre ou même de sécurité au sens large, incluant les différentes facettes du concept de sécurité, notamment la sécurité humaine.

La Convention de 1989 n'a pas vocation à s'appliquer à cette nouvelle catégorie de mercenariat, qui, particulièrement en termes quantitatifs, a en grande partie supplanté le mercenariat entendu au sens classique. Il n'existe donc aucune définition dans le droit international positif du concept de « nouveau » mercenaire.

L'absence de définition en droit international positif de ce nouveau type de mercenaires s'illustre par les difficultés du Conseil de sécurité, lorsque ce dernier se retrouve confronté aux activités de ces organisations, à qualifier celles-ci. Si le Conseil a par le passé pris en compte les activités de mercenariat dites « classiques », au sens du droit positif actuel, il en va autrement des « nouveaux » mercenaires. Le recensement des résolutions mentionnant les activités de ces organisations atteste de la tendance du Conseil à se concentrer sur les individus, au détriment des organisations qui commandent, financent et orientent les activités des mercenaires. En cela, le Conseil est en accord avec le droit international positif, puisque seule la Convention de l'Organisation de l'Union Africaine prend en compte le rôle de celles et ceux qui organisent les activités des mercenaires (« individu, groupe ou association », article 2).[1]

---

[1] *Mercenaires et activités liées au mercenariat : évolution des formes, des tendances et des manifestations*, Rapport du Groupe de

Ces constatations amènent à interroger la possibilité d'une prise en compte par le Conseil de sécurité des activités de mercenariat dans leur globalité, c'est-à-dire incluant le mercenariat dit moderne ou nouveau – soit les activités d'entreprises privées - dans le sens d'un droit prospectif, ou *lege ferenda*. Se pose la question de savoir si le Conseil est un organe à même de faire œuvre de *lege ferenda*. À première vue, cela peut paraître contradictoire puisque l'essence du Conseil de sécurité, sa raison d'être, réside dans le maintien de la paix à un niveau opérationnel, incarné par un pouvoir de sanctions et de déclenchement d'opérations en lien avec la sécurité collective. Il semble dès lors peu probable que le Conseil puisse baser ses résolutions sur du droit prospectif. Pour autant, d'autres organisations ou institutions internationales, comme le Parlement européen[1], ont su faire preuve de plus d'audace en qualifiant directement certaines EMSP.

Constater la difficulté du Conseil de sécurité à qualifier les EMSP dans ses résolutions conduit à questionner la volonté et la possibilité du Conseil de prendre en compte les activités liées au mercenariat dans son acception générale, et ce notamment en raison de la composition même du Conseil. La présence de membres permanents animés par des politiques et objectifs souvent antagonistes laisse émettre des doutes quant à sa capacité à prendre en compte les activités des EMSP dans ses résolutions. Sur ce point, il convient d'observer les attitudes et positions des membres permanents du Conseil de sécurité en termes de mercenariat « nouveau ». Si un consensus semble régner

---

travail sur l'utilisation de mercenaires comme moyen de violer les droits de l'homme et d'empêcher l'exercice du droit des peoples à disposer d'eux-mêmes, 2020, Nations Unies, A/75/259.

[1] *Résolution du Parlement européen du 25 novembre 2021 sur les violations des droits de l'homme commises par des entreprises militaires et de sécurité privées, en particulier le groupe Wagner*, 25 novembre 2021, Parlement européen, 2021/2982 (RSP).

concernant les activités de mercenariat « classique », avec des résolutions nettement critiques à son encontre, il en va autrement du mercenariat « nouveau », dans le sens où il a pu être reproché à certains États d'être personnellement impliqués dans la conduite ou le soutien desdites activités, comme dans le cas de la Russie avec ce qu'on appelle communément le groupe Wagner.

D'un point de vue purement pratique, les possibles liens entre membres permanents du Conseil de sécurité et activités liées au mercenariat « nouveau », sous la forme des EMSP – légales ou illégales - entravent la prise en compte de celles-ci. Se profile la dimension politique et géostratégique du Conseil, qui vient contrarier une prise de position commune.

En septembre 2021, la Russie demandait ainsi au Conseil de reporter le projet de résolution concernant la prolongation de la mission des Nations Unies en Libye[1], dans le but d'amender les paragraphes liés au retrait des forces étrangères et des mercenaires. En avril 2022, la Russie a également posé son véto à propos de la demande du Conseil de sécurité de conduire des enquêtes indépendantes à la suite du massacre de Moura, au Mali, par l'armée malienne et des paramilitaires russes.[2]

L'inquiétude de la communauté internationale face au mercenariat et aux activités qui lui sont liées, notamment par la voix du Secrétaire général des Nations Unies, entre en contradiction avec les réserves du Conseil de sécurité dans ses résolutions. De ce constat relativement unanime au sein de la communauté internationale découle une nécessité de réglementation de ce nouveau type de mercenariat, afin d'apporter un cadre à celui-ci.

---

[1] La Russie bloque la prolongation de la mission politique de l'ONU en Libye, AFP, 15 septembre 2021, *France 24*.

[2] « Mali : Moscou s'est opposé à une enquête de l'ONU sur le massacre de Moura », 11 avril 2022, *Le Point*.

Le Conseil de sécurité étant contraint dans sa marge de manœuvre en raison de sa composition, une réforme de celui-ci pourrait représenter une possible ouverture. Jusque-là, aucune proposition n'a été sérieusement envisagée, et il paraît peu probable qu'une telle réforme puisse aboutir au vu des conditions nécessaires pour adopter une réforme, en particulier la nécessité d'un avis positif de tous les membres permanents. A minima, la résolution de l'Assemblée d'avril 2022, soutenue par le Lichtenstein et qui propose aux cinq membres permanents faisant usage de leur véto d'expliquer ce dernier devant l'Assemblée générale[1], pourrait permettre de clarifier les positions des membres permanents.

Si une réforme du Conseil est difficilement envisageable, et au vu de l'urgence d'une réglementation du mercenariat dans son acception large, se tourner vers d'autres acteurs de la communauté internationale, à commencer par l'Assemblée générale des Nations Unies, peut constituer une solution pour sortir de l'impasse. À l'instar du Parlement européen, l'Assemblée générale se montre plus précise dans sa manière de qualifier les mercenaires, en particulier les « nouveaux » mercenaires, qu'elle n'hésite pas à condamner. La valeur juridique des résolutions de l'Assemblée, qui, au contraire des décisions contraignantes du Conseil de sécurité[2], ne représentent que des recommandations, ne permet toutefois pas, en l'état, de les différencier de Codes de conduite ou du Manuel de Tallinn, par exemple. La différence pourrait en revanche intervenir si une résolution prise par l'Assemblée générale

---

[1] *Mandat permanent permettant à l'Assemblée générale de tenir un débat en cas de recours au droit de veto au Conseil de sécurité*, Résolution de l'Assemblée générale, 26 avril 2022, Nations Unies, A/RES/76/262.

[2] « *Les Membres de l'Organisation conviennent d'accepter et d'appliquer les décisions du Conseil de sécurité conformément à la présente Charte.* », Article 25, Charte des Nations Unies du 26 juin 1945.

était votée par un grand nombre d'États, ce qui pourrait constituer un premier pas vers une future coutume. Encore faut-il que les États, dans leur pratique, suivent cette résolution.

Se tourner au niveau régional fait figure d'option envisageable et sans doute plus réaliste. A noter que certains États ont choisi de criminaliser des EMSP dans leur législation nationale, comme les Etats-Unis, qui ont inscrit le groupe Wagner sur leur liste nationale d'organisations criminelles.

Ainsi, au vu de sa composition et de son rôle, il est nécessaire de questionner ouvertement si le Conseil de sécurité des Nations-Unies est l'organe le plus à même de prendre en compte les activités liées au mercenariat dans son acception moderne, incluant le mercenariat « nouveau », et s'il est à même de s'inspirer de positions adoptées par d'autres organes et/ou organisations.

Un balayage des résolutions du Conseil de sécurité mentionnant les menaces incarnées par le mercenariat permettra de définir la manière dont il est pris en compte par cet organe des Nations Unies. Une comparaison avec des déclarations de l'Assemblée générale, ainsi que les prises de position d'autres organisations nous amènera à mettre en relief les différences de gradation dans la condamnation du mercenariat. Cette hétérogénéité soulignant la nécessité d'une réglementation au niveau international, se posera la question des possibilités d'action du Conseil pour œuvrer à celle-ci.

La prise en compte des activités liées au mercenariat par le Conseil de sécurité est tributaire de la manière dont le Conseil définit les « activités liées au mercenariat ». Si le Conseil fait référence aux mercenaires dans certaines résolutions, une analyse sémantique révèle ses limites quant à la qualification du mercenariat dans son sens actuel général. Cette restriction du champ *ratione materiae* du mercenariat et de ses activités au sens « nouveau » apparaît incompatible avec la nécessité de réglementer lesdites activités. Une telle nécessité s'explique entre autres par le consensus d'une majorité d'acteurs internationaux autour de la notion de menace que les activités liées au mercenariat font peser sur la paix et la sécurité. Il s'agira de voir si le Conseil de sécurité est à même de prendre position sur la question, ou si d'autres voies sont à privilégier, notamment à travers les résolutions de l'Assemblée générale, ou des réglementations prises au niveau régional et national.

# PARTIE I

# UNE QUALIFICATION INCOMPLÈTE DU MERCENARIAT PAR LE CONSEIL DE SÉCURITÉ

Dès le début des années 1960, en pleine période de décolonisation, le Conseil de sécurité s'est trouvé confronté à la question des mercenaires. La crise du Congo-Léopoldville[1], avec la sécession du Katanga, va pour la première fois amener le problème des mercenaires devant les Nations Unies, au travers de deux résolutions du Conseil attestant de leur existence.[2]

Pendant plusieurs années, le sujet des mercenaires a été limité aux questions sécessionnistes, ainsi qu'au périmètre géographique africain. Le Conseil ne vise alors pas directement les mercenaires, mais plutôt les États qui les utilisent.

En 1977, le Conseil adopte une résolution condamnant le recrutement et l'utilisation de mercenaires au Bénin, c'est-à-dire « l'utilisation de mercenaires internationaux pour déstabiliser des États ou pour violer leur intégrité territoriale, leur souveraineté et leur indépendance ».[3] La condamnation du Conseil se concentre sur les États, en

---

[1] Appellation donnée à l'ancien Congo belge de 1960 à 1966 suite à son accession à l'indépendance, du nom de sa capitale Léopoldville. Cette appellation était destinée à distinguer ce nouvel État de l'État voisin, la République du Congo. En 1966, l'État sera rebaptisé Congo-Kinshasa.

[2] *La question du Congo*, Résolution du Conseil de sécurité, 21 février 1961, Nations Unies, *S/RES/161 (1961)* et *La Question du Congo*, Résolution du Conseil de sécurité, 24 novembre 1961, Nations Unies, S/RES/169 (1961).

[3] *Condamnation de l'agression armée au Bénin*, Résolution du Conseil de sécurité, 16 avril 1977, Nations Unies, S/RES/405 (1977).

raison de leur violation du principe de non-ingérence, corollaire de l'interdiction de l'usage de la force visé à l'article 2 § 7 de la Charte de San Francisco.

À cette époque, bien que prenant en compte l'existence de mercenaires, le Conseil ne s'appuie sur aucune définition de ceux-ci. Cette lacune, qui perdure jusqu'à ce jour, tient au fait que le mercenariat ne bénéficie pas d'une définition précise en droit international, dont le Conseil puisse faire usage. Face à cette absence de définition du mercenariat, le Conseil a adopté une position qu'on pourrait qualifier d'attentiste, en se concentrant sur l'individu et non le mercenariat lui-même.

# CHAPITRE I

## Le Conseil limité par l'absence de définition du mercenariat en droit international positif

Si une définition internationale du mercenaire existe dès 1977 dans le Protocole additionnel premier aux conventions de Genève de 1949, par le biais de critères cumulatifs, les textes qui lui suivront peinent à établir une définition du mercenariat dans son ensemble, qui irait au-delà du mercenaire personne physique. À cette absence de définition du concept s'ajoute le fait que le mercenariat a fortement évolué depuis la rédaction des principaux textes de droit international visant les mercenaires, conduisant à une inadéquation de ces derniers avec ce qu'on appelle désormais les « nouveaux » mercenaires.

### *1) Les limites de la réglementation du mercenariat en droit international positif*

L'article 47 du Protocole additionnel premier aux conventions de Genève de 1949[1] et la Convention internationale contre le recrutement, l'utilisation, le financement et l'instruction des mercenaires de 1989 dressent une liste de critères cumulatifs, positifs et négatifs, que doit remplir un individu afin de pouvoir être qualifié de mercenaire. Les rédacteurs de ces deux textes de droit international, sorte de colonne vertébrale juridique de la notion de mercenaire, avaient comme principale motivation – en particulier dans le cas du protocole additionnel - de limiter les exclusions possibles quant aux qualités de combattant et de prisonnier de guerre. Le statut de

---

[1] TERCINET J., « Les mercenaires et le droit international », *Annuaire Français de Droit International*, Numéro 23, 1977, pp. 269-293.

mercenaire étant régi par des dispositions spécifiques[1], adopter une définition restrictive grâce à une cumulation de critères permettait de conserver une protection idoine, similaire à celle garantie par les statuts de combattant et de prisonnier de guerre, pour des personnes ne pouvant être considérées comme faisant partie des forces armées.[2]

L'idée de base reposait sur des considérations de droit international humanitaire. C'était le mercenaire en tant que personne qui était visé ; ladite personne devait pouvoir bénéficier, si ce n'est du statut de combattant et de prisonnier de guerre, au moins de la protection accordée à ces statuts. Bien qu'en théorie le vide juridique ne devrait pouvoir exister dans le droit des conflits armés et le droit international humanitaire - comme le précise l'article 75 du protocole additionnel premier, qui rappelle le principe d'humanité[3] - on peut imaginer qu'exclure les mercenaires du champ d'application de la protection accordée aux combattants et aux prisonniers de guerre pourrait, ou aurait pu, conduire à des abus. Bien que ceux-ci n'aient pas été qualifiés de mercenaires et ne semblent a priori pas entrer dans une telle catégorie, on peut faire un rapprochement avec le vide juridique, en termes de droit international, concernant la situation des détenus de Guantanamo, dans la

---

[1] Article 47. Mercenaires, *Protocole additionnel aux Conventions de Genève du 12 août 1949 relatif à la protection des victimes des conflits armés internationaux* (Protocole I), 8 juin 1977.

[2] Règle 108. Les mercenaires, Volume II, chapitre 33, section C., *Bases de données de Droit international humanitaire*, Comité international de la Croix-Rouge (CICR), 2020.

[3] « *(...) les personnes qui sont au pouvoir d'une Partie au conflit et qui ne bénéficient pas d'un traitement plus favorable en vertu des Conventions et du présent Protocole seront traitées avec humanité en toutes circonstances (...)* », Article 75 §1, *Protocole additionnel aux Conventions de Genève du 12 août 1949 relatif à la protection des victimes des conflits armés internationaux* (Protocole I), 8 juin 1977.

lignée de la doctrine étatsunienne du « combattant illégal » (*unlawful combatant*).[1]

Pour autant, si le protocole additionnel premier de 1977 et la Convention de 1989 – du moins en partie pour cette dernière - visent à qualifier la situation des individus mercenaires, de manière à leur garantir une certaine protection, le concept de mercenariat demeure absent des définitions, qui sont basées sur une cumulation de critères positifs et négatifs. Le mercenariat est abordé sous l'angle de la personne qui la pratique, mais l'activité en elle-même n'est pas réglementée ; pas plus que ne l'est la situation des personnes responsables ou organisant ces activités.

C'est cette absence de prise en compte du concept à laquelle l'Organisation de l'unité africaine (OUA) a tenté de répondre avec la conférence qui a conduit à l'adoption en 1977 de la Convention sur l'élimination du mercenariat en Afrique. L'article 1 § 2 de la Convention de l'OUA va plus loin que le protocole additionnel premier aux Conventions de Genève, puisqu'elle incrimine le mercenariat en tant que tel, et non seulement le mercenaire. La Convention qualifie le mercenariat de « crime », pouvant être commis par « un individu, un groupe ou une association ».[2] La question d'accorder une protection, à défaut de statut, à des individus, ne reflète pas l'esprit de la Convention de l'OUA. Dans ce cas, c'est le mercenariat et sa qualification juridique – « crime » - qui sont ciblés. En ce sens, la

---

[1] CANTEGREIL J., « La doctrine du « combattant ennemi illégal » », *Revue de science criminelle et de droit pénal comparé*, Dalloz, 2010/1 N° 1, pp. 81 à 106.

[2] « *Commet le crime de mercenariat l'individu, groupe ou association, les représentants de l'Etat ou l'Etat lui-même qui, dans le but d'opposer la violence armée à un processus d'autodétermination à la stabilité ou à l'intégrité territoriale d'un autre État* », Article 1 § 2, *Convention de l'Organisation de l'union africaine (OUA) sur l'élimination du mercenariat en Afrique*, 1977, Organisation de l'union africaine, CM/817 (XXIX).

Convention de l'OUA crée une avancée, puisqu'elle entend la qualification du mercenariat en général et sa répression. Si la Convention internationale contre le recrutement, l'utilisation, le financement et l'instruction des mercenaires de 1989 entend bien lutter contre le phénomène du mercenariat, elle n'a pas suivi cette démarche et se limite encore à une définition concernant le mercenaire en tant que personne.

Deux limites se posent au recours à la Convention de l'OUA en droit international. La première réside dans la qualification de « crime ». La Convention ne précise pas si le mercenariat s'apparente à un crime de guerre, ni même à n'importe quel autre type de crime. Ce type d'imprécisions, souvent parfaitement volontaires, n'a rien de surprenant, dans la mesure où cela permet une adoption plus aisée de textes, les États conservant d'amples réserves de souveraineté. Une telle marge discrétionnaire laissée aux États au niveau pénal complique toutefois l'application universelle de la Convention. Mais la principale limite de celle-ci réside plutôt dans son champ d'application *ratione loci*, s'agissant d'une convention rédigée par une organisation internationale à caractère régional, qui n'engage que les membres l'ayant ratifiée. La Convention voit son champ de compétence limité au continent africain, qui plus est aux États membres composant à l'époque l'OUA, soit 53 États[1].

On peut conclure qu'il n'existe à ce jour aucune définition du mercenariat en tant qu'activité dans le droit international positif. Cette lacune représente un obstacle non négligeable lorsqu'il est question de prendre des engagements contraignants, comme dans le cas des résolutions du Conseil de sécurité, qui ne peut utiliser

[1] En 2002, l'Organisation de l'Union africaine (OUA) a été remplacée par l'Union africaine (UA), qui avait été créée à Durban en 2000.

comme base juridique que les définitions associées aux mercenaires en tant qu'individus. Mais un autre problème se pose au sujet de la définition des mercenaires. Cette définition est basée sur des textes déjà anciens – Protocole additionnel premier de 1977 et Convention de 1989 - et ceux-ci sont désormais dépassés par l'évolution du mercenariat, lequel a évolué vers des formes privatisées.

### 2) *Une qualification du mercenariat en décalage avec l'évolution moderne du concept*

Au lendemain de la guerre froide, l'accélération de conflits intraétatiques et la mutation des menaces concernant la sécurité vers une dimension plus globale ont métamorphosé les activités liées au mercenariat et donné naissance à de nouveaux acteurs : les sociétés militaires privées, souvent qualifiées d'entreprises militaires et de sécurité privées (EMSP)[1]. Les attentats du 11 septembre 2001 et la « guerre contre le terrorisme » (*war on terror*), initiée par le président des États-Unis Georges W. Bush, ont permis aux EMSP de connaître un véritable essor.[2]

Les EMSP, phénomène plutôt anglo-saxon à l'origine, sont des sociétés de droit privé, possédant un statut légal dans l'État dans lequel elles sont enregistrées, qui n'est toutefois pas nécessairement leur État d'origine. Aux États-

[1] Les Entreprises Militaires et de Sécurité Privées (EMSP) peuvent être appelées Sociétés Militaires Privées (SMP), Sociétés Privées d'Intérêt Militaire (SPIM), Société Privée de Prestation de Services Militaires et de Sécurité (SPPSMS), mais également Security Services Providers (SSP), Private Military Compagnie (PMC) ou Private Security Compagnie (PSC). Rappelons que dans une logique de simplification, c'est l'acronyme EMSP qui sera utilisé dans le présent ouvrage. Ce choix est une décision parfaitement personnelle, ne remettant nullement en question la pertinence des autres dénominations.

[2] CHAPLEAU P., *Sociétés militaires privées. Enquête sur les soldats sans armée*, Éditions du Rocher, Monaco, 2005.

Unis, cette évolution est étroitement liée à la privatisation des activités de défense et de sécurité en territoire étranger, qui incombaient jusque-là majoritairement aux forces armées nationales.[1] Cette évolution, qualifiée de « civilianisation »[2] des opérations militaires, ne touche pas seulement les États-Unis, puisque de nombreux autres pays, notamment européens, sont concernés par ce phénomène d'externalisation ou de privatisation.

Il convient de noter que les législations nationales sont souvent lacunaires concernant la privatisation de la défense et de la sécurité. Le Neutrality Act, adopté par les États-Unis en 1893, prévoit qu'aucun recrutement de mercenaires ne peut intervenir sur le territoire étatsunien.[3] Mais aucun texte spécifique ne réglemente l'activité des EMSP.

Dans le cas de la France, la jurisprudence du Conseil Constitutionnel limite la privatisation des services publics dits « constitutionnels »[4], incluant implicitement l'usage de forces de combat, ce qui explique en partie pourquoi l'État français, au contraire des États-Unis, limite l'externalisation de ses activités au territoire français, sans projection de force armée. Depuis la loi du 14 avril 2003 relative à la répression de l'activité de mercenaire, le droit français prévoit des sanctions pénales, dont des peines pouvant aller jusqu'à cinq ans d'emprisonnement pour les mercenaires en tant qu'individus et jusqu'à sept années

---

[1] MAKKI S., Externaliser la défense : la politique américaine, *Sociologie du travail [Online]*, Vol. 49 - n° 1 | Janvier-Mars 2007.

[2] LETONTURIER E., « Des civils chez les militaires. Civilianisation de l'armée et culture militaire », *La Défense* (dir. Porteret V.), L'Harmattan, Novembre 2007.

[3] LAYEB A., « Mercenary activity: United States neutrality laws and enforcement », *NYLS Journal of International and Comparative Law*, Volume 10 Number 3, 1989.

[4] Cons. Const., 26 juin 1986, Décision n° 86-207 DC, Loi autorisant le Gouvernement à prendre diverses mesures d'ordre économique et social – Conformité.

pour celles et ceux organisant une telle activité.[1] Pour autant, la loi ne semble pas adaptée à la situation des EMSP, puisqu'elle reprend la définition du protocole additionnel premier aux conventions de Genève du 12 août 1949 pour qualifier les mercenaires.

Dans certains États, les EMSP ne sont pas forcément enregistrées en tant que sociétés privées militaires, comme c'est le cas en Russie, où les activités de mercenariat sont interdites dans le droit national.[2] L'article 359 du Code pénal russe interdit en effet toute activité militaire à l'étranger en dehors de celles menées par les forces régulières de l'État russe. « Les gens de Wagner n'existent pas officiellement, donc ils savent qu'ils n'auront jamais à répondre de leurs actes », expliquait en 2022 Marat Gabidullin, citoyen russe et ancien membre des forces armées soviétiques, qui acceptait de témoigner pour la première fois au sujet de ses activités passées au sein du groupe Wagner.[3] De tels témoignages sont rares, en raison notamment de l'illégalité de ce type d'organisations dans leur pays d'origine, et de l'opacité entourant leurs opérations, menées le plus souvent en territoire étranger.

Les spécificités d'entités comme le groupe Wagner, devenu en quelques mois – à tort ou à raison - le symbole d'un nouveau type de mercenariat, sont les suivantes : une organisation aux statuts et contours opaques, déclinant ses activités dans des secteurs certes tous liés à la défense et la sécurité, mais relativement divers : troupes engagées dans des forces de combat, formation de militaires et

---

[1] LOI n° 2003-340 du 14 avril 2003 relative à la répression de l'activité de mercenaire parue au JO n°89 du 15 avril 2003.

[2] KLEN M., « La pénétration du groupe Wagner en Afrique », *Revue Défense Nationale*, n° 860, Mai 2023, p. 53-58.

[3] « "On était utilisé comme de la chair à canon" : Marat Gabidullin, ancien mercenaire du groupe Wagner, témoigne et accable la milice russe », D. Schlienger, M. Renier, E. Fornes, L. Lacroix, Y. Kadouch, 10 mai 2022, *France 2*.

paramilitaires dans des pays touchés par des conflits armés non internationaux et/ou internationalisés, missions de sécurité et de maintien de l'ordre, activités d'influence sur internet, etc.

À titre indicatif, il convient de noter que les activités liées au mercenariat se sont également déplacées vers l'univers du cyber. Le sujet des conflits cyber illustre parfaitement les contours fluctuants des activités des EMSP. Si la question de l'applicabilité du droit des conflits armés et du droit international humanitaire à ce nouvel espace de conflictualité a été confirmée, notamment grâce à l'application de la jurisprudence de la Cour Internationale de Justice dans son avis consultatif de 1996 relatif à la licéité de la menace ou de l'emploi de l'arme nucléaire dans les conflits armés[1], et, plus explicitement mais sans valeur contraignante, dans le Manuel de Tallinn, il demeure que l'applicabilité concrète des principes de ces droits à l'univers du cyber demeure une gageure.

Promu par la Suisse et par le Comité international de la Croix-Rouge (CICR), le Document de Montreux sur les entreprises militaires et de sécurité privées[2] invite les États à définir plus clairement les services proposés par les EMSP, de manière à pouvoir proposer des procédures et des sanctions claires et adaptées. En tant que texte de droit

---

[1] Dans son avis consultatif relatif à la licéité de la menace ou de l'emploi d'armes nucléaires, la CIJ rappelait le fait que le droit des conflits armés réglementait les armes du passé, du présent mais aussi « celles du futur », en référence ici à l'arme nucléaire. (C.I.J., Avis consultatif, 8 juillet 1996, Licéité de la menace ou de l'emploi d'armes nucléaires, avis consultatif, *Rec.*, p. 226).

[2] *Le Document de Montreux sur les obligations juridiques pertinentes et les bonnes pratiques pour les États en ce qui concerne les opérations des entreprises militaires et de sécurité privées pendant les conflits armés*, 17 septembre 2008, Confédération suisse et Comité international de la Croix-Rouge (CICR).

souple, le document de Montreux ne possède néanmoins aucun caractère contraignant.

Dans son rapport de 2018 « Mercenariat et sociétés militaires et de sécurités privées », le Groupe de travail des Nations Unies sur l'utilisation de mercenaires comme moyen de violer le droit humanitaire et d'empêcher l'exercice du droit des peuples à disposer d'eux-mêmes, créé en 2018 par la Commission des droits de l'homme, a aussi rappelé que la définition du mercenariat tel qu'entendue dans le droit international positif est trop « étroite et difficile à appliquer ».[1]

Ces considérations permettent de souligner que les activités des EMSP, formes de « nouveau » mercenariat ne sont réglementées par aucun texte de droit positif contraignant, malgré quelques exceptions sur le plan national. Les textes en droit international, comme le Document de Montreux, ne revêtent qu'un caractère de recommandation. Cette absence de prise en considération de la mutation des activités de mercenariat dans le droit international positif, ajoutée à une définition juridique lacunaire du mercenariat, place le Conseil de sécurité dans une situation délicate face à la nécessité de qualifier ces activités.

---

[1] *Mercenarism and private military and security companies*, Groupe de travail des Nations Unies sur l'utilisation de mercenaires comme moyen de violer le droit humanitaire et d'empêcher l'exercice du droit des peuples à disposer d'eux-mêmes, 2018, Nations Unies.

# CHAPITRE II

## Des résolutions du Conseil axées sur l'individu mercenaire

Si le Conseil de sécurité a très tôt été saisi de la question des mercenaires, on remarque que ses résolutions se contentent souvent de mentionner succinctement ceux-ci, sans les ériger en sujet principal. Rares sont en effet les résolutions qui se concentrent exclusivement sur le mercenariat et/ou les mercenaires. Le Conseil semble en outre éviter les mentions qui pourraient engager sa responsabilité au titre de garant de la paix et la sécurité internationale, au contraire d'autres organes des Nations Unies, ou d'autres acteurs internationaux, soucieux de préciser la question de la responsabilité concernant les mercenaires.

### *1) Une prise en compte restreinte du mercenariat dans les résolutions du Conseil*

Dans les premières résolutions faisant état de mercenaires, qui datent de 1961 et concernent la sécession katangaise, le Conseil de sécurité se contentait de mentionner le sujet à la marge. Il insistait sur le retrait des troupes militaires et paramilitaires, incluant les mercenaires, du territoire du Congo-Léopoldville. Bien que n'apportant aucun détail particulier, le Conseil peut être qualifié de précurseur, puisqu'il n'existait à l'époque aucun texte de droit international proposant une qualification des mercenaires. A titre exceptionnel, le Conseil a fait preuve d'initiative en matière de *lege ferenda*, car il ne basait sa condamnation de la présence de mercenaires sur aucun texte. Mais l'extrême brièveté de la mention tempère largement cet esprit d'initiative.

Il faudra attendre 1977 et la résolution 405 du 16 avril 1977 concernant le Bénin pour que le Conseil accorde une plus grande importance aux mercenaires. Dans cette résolution, le Conseil condamnait le recrutement de mercenaires qui visait à « renverser les gouvernements des États membres des Nations Unies »[1]. Était concerné le soutien accordé par des États tiers au conflit béninois, par le biais de mercenaires, ce que le Conseil considérait comme une violation du principe de non-ingérence dans les affaires intérieures d'un État. Le souci du Conseil était de condamner les tiers au conflit qui faisaient acte d'ingérence, plutôt que les mercenaires eux-mêmes ou l'activité de mercenariat en tant que telle.

Notons que le fait d'appeler au retrait de toutes les troupes étrangères d'un État membre dans le cadre d'un conflit armé, et d'inclure les mercenaires dans les groupes sommés d'évacuer le territoire, est une constante dans les résolutions du Conseil de sécurité. Plus récemment, le Conseil demandait dans sa résolution 2570 de 2021 le retrait des mercenaires du territoire libyen.[2] Le Conseil rappelait aux États membres d'appliquer l'accord de cessez-le-feu conclu un an auparavant, « notamment en retirant sans plus tarder toutes les forces étrangères et les mercenaires du territoire libyen ». Le texte de cette résolution ne s'attarde sur aucune définition de ce qui est entendu par « mercenaires » et ne donne pas plus de détails à propos de ces groupes. A nouveau, c'est aux États parties que le Conseil demande le retrait des mercenaires, et on peut considérer que le Conseil agit dans l'optique d'un mercenariat intégré, c'est-à-dire sous un contrôle purement étatique. C'est l'action d'ingérence des États qui est encore incriminée.

---

[1] *Condamnation de l'agression armée au Bénin*, Résolution du Conseil de sécurité, 16 avril 1977, Nations Unies, S/RES/405 (1977).

[2] *La situation en Libye*, Résolution du Conseil de sécurité, 17 avril 2021, S/RES/2570 (2021).

Depuis les années 2000 s'opère cependant un changement dans la prise en compte des mercenaires dans les résolutions du Conseil de sécurité. Alors que pendant longtemps celle-ci se limitait aux actes d'ingérence des États à travers l'emploi de mercenaires, et bien que ce type de condamnations se retrouve encore dans des résolutions récentes, le Conseil a commencé à directement cibler les mercenaires.

Ainsi, dans la résolution 1467 de 2003 « Prolifération des armes légères et de petit calibre et mercenariat : menaces à la paix et à la sécurité en Afrique de l'Ouest », le Conseil s'est focalisé sur les activités des mercenaires. Dans les débats ayant donné lieu à la résolution, les orateurs ont insisté sur l'existence de sociétés privées spécialisées dans des prestations de sécurité, qui correspondent aux ESMP précédemment évoquées. Lors de son discours devant le Conseil de sécurité, le Secrétaire général de l'époque, Kofi Annan, notait que « la circulation d'armes dans la région a été accompagnée et a facilité les activités des mercenaires »[1]. Le focus n'est pas l'implication et l'ingérence des États faisant appel à des mercenaires, mais il est directement mis sur des entreprises privées.

Plus récemment, en 2022, face à la dégradation de la situation sécuritaire au Mali, le Conseil, dans sa déclaration 2640, a condamné « l'utilisation de mercenaires ainsi que les violations du droit international humanitaire et les atteintes aux droits humains qu'ils commettent ».[2] Si le terme « utilisation » renvoie à la notion de contrôle étatique, le Conseil précise les manquements opérés par ces

---

[1] *Le Conseil de sécurité se mobilise devant l'ampleur du trafic illicite d'armes légères en Afrique de l'Ouest et le phénomène de mercenariat, Communiqué de presse,* 18 avril 2003, Nations Unies, CS/2462.

[2] *La situation au Mali (MINUSMA)*, Résolution du Conseil de sécurité, 29 juin 2022, Nations Unies, S/RES/2640 (2022).

groupes, à savoir des violations du droit international humanitaire et des droits de l'homme. Pour autant, le Conseil, à travers la formulation équivoque « d'utilisation », ne s'aventure pas à déterminer la responsabilité des manquements, qu'on peut interpréter comme relevant de la responsabilité internationale des États ou, éventuellement, comme des crimes perpétrés par des individus, entrainant une responsabilité individuelle.

Dans un premier temps, on peut conclure que le Conseil de sécurité se montre frileux quant au fait de cibler directement les mercenaires dans ses résolutions. Ceux-ci sont souvent mentionnés à la marge. Si certaines résolutions, comme la résolution 2640, se révèlent plus affirmatives, il n'en demeure pas moins que le Conseil ne se hasarde pas à qualifier directement la responsabilité des exactions commises par les mercenaires – responsabilité internationale des États ou responsabilité individuelle - entretenant un flou à ce sujet.

D'autre part, ce qu'il est important de souligner est que jusque-là, le Conseil ne s'est pas aventuré à placer les actions des mercenaires dans le cadre du chapitre VII de la Charte, en les qualifiant de menace ou de rupture de la paix et la sécurité internationale au titre de l'article 39. La résolution 1467 concernant le trafic d'armes légères en Afrique de l'Ouest va dans ce sens, sans toutefois que la résolution situe explicitement la question dans le champ de compétence *ratione materiae* de la sécurité collective. La résolution se contente de faire le lien entre les activités des mercenaires, le trafic illicite d'armes et la violation des embargos sur les armes dans la région d'Afrique de l'Ouest. Le Conseil de sécurité, en évitant de placer ses résolutions dans le ressort du chapitre VII, ne se définit pas comme garant de la situation. Comme nous le verrons, la composition du Conseil est ici largement en cause. D'autres acteurs internationaux ont en revanche cherché à définir la responsabilité face aux actions des mercenaires.

### *2) Les différences de qualification du mercenariat entre le Conseil et d'autres acteurs internationaux*

Si l'on revient à la Convention sur l'élimination du mercenariat en Afrique de 1977, il convient de souligner le rôle que s'attribue l'OUA dans ce domaine. Ainsi, le paragraphe 3 de l'article premier énonce que « toute personne physique ou morale » qui commet le crime de mercenariat perpètre un « crime contre la paix et la sécurité en Afrique ». Par ce biais, l'OUA place ce qu'elle appelle le « crime de mercenariat » dans son champ de compétence, puisque la charte constitutive de l'OUA indique qu'il « importe de créer et de maintenir des conditions de paix et de sécurité ». Mais au contraire de la Charte des Nations Unies, la Charte de l'OUA ne confie pas expressément de rôle de garant de la paix et la sécurité collective à l'un des organes de l'OUA. On peut déduire qu'il s'agit plutôt d'une responsabilité des États parties à l'OUA.

La différence avec le Conseil de sécurité réside dans le fait qu'alors que ce dernier ne peut s'appuyer sur aucun texte pour qualifier les actions des mercenaires, si ce n'est, comme évoqué précédemment, la responsabilité internationale des États, l'OUA qualifie le mercenariat de « crime ». On comprend mieux le flou entourant la question de la responsabilité des actions des mercenaires dans les résolutions du Conseil et son absence de position de garant. Pour autant, la notion de « crime » quand il ne s'agit pas du crime visé par le droit international pénal, est dépendante des qualifications dans les droits nationaux, ce qui lui confère un caractère incertain.

En 2019, l'Assemblée générale des Nations Unies a adopté une résolution basée sur les travaux du Groupe de travail sur l'utilisation de mercenaires comme moyen de violer les droits de l'homme et d'empêcher l'exercice du droit des peuples à disposer d'eux-mêmes.[1] Dans cette résolution, l'Assemblée réaffirme que « l'utilisation, le recrutement, le financement, la protection et l'instruction de mercenaires sont un motif de préoccupation grave pour tous les États et contreviennent aux buts et principes énoncés dans la Charte des Nations Unies ». Elle va même plus loin que la seule mention de « mercenaires » en évoquant « les activités mercenaires observées récemment dans des pays en développement dans différentes régions du monde », qu'elle condamne, tout comme « toute forme d'impunité accordée aux auteurs d'activités mercenaires ».

La condamnation par l'Assemblée générale des « activités mercenaires » va au-delà de la condamnation d'individus mercenaires ou la mise en cause de la responsabilité des États qui ont recours à ces activités, comme c'est le cas dans les résolutions du Conseil de sécurité. L'Assemblée spécifie tout d'abord que ces activités « contreviennent aux buts et principes énoncés dans la Charte des Nations Unies », et elle se base ensuite sur la question de la violation des droits de l'homme, plus spécifiquement sur la violation de l'exercice du droit des peuples à l'autodétermination. Ceci n'a rien de surprenant puisque cette résolution fait suite au travail du Groupe de travail sur l'utilisation de mercenaires, à la différence du Conseil, dont les résolutions s'articulent autour des questions de sécurité internationale. Cette base permet d'avoir recours à une référence en droit international, au contraire de la notion imprécise de « crime » de la Convention de l'OUA.

---

[1] *Utilisation de mercenaires comme moyen de violer les droits de l'homme et d'empêcher l'exercice du droit des peuples à l'autodétermination*, Résolution de l'Assemblée générale, 18 décembre 2019, Nations Unies, A/RES/74/138.

Il faut néanmoins souligner que malgré la différence de base utilisée pour la condamnation du mercenariat et de ses activités – aucune base spécifique pour le Conseil de sécurité, « crime » pour l'OUA et violation du droit à l'autodétermination pour l'Assemblée générale - les différents textes peinent à identifier clairement les auteurs des activités mercenaires, qu'ils rattachent malgré tout le plus souvent aux États les commandant ou les contrôlant.

Sur ce point, l'Union Européenne s'est montrée plus entreprenante en ciblant expressément des EMSP. Le Parlement européen a présenté fin 2021 une proposition de résolution commune sur les violations des droits de l'homme commises par des entreprises militaires et de sécurité privées, en particulier le groupe Wagner.[1] Le Parlement relève que « d'innombrables membres d'EMSP actifs en tant que mercenaires ont commis de graves violations des droits de l'homme, y compris des crimes de guerre, à la fois contre des combattants et contre des civils, dans des conflits passés, récents et en cours ». La proposition se concentre sur le groupe Wagner, détaillant les preuves concernant ses liens avec l'État russe, ce qui, d'après le Parlement, distingue le groupe des autres EMSP.

Cette proposition de résolution commune est nettement circonstanciée, dans le sens où elle pose un cadre aux activités des EMSP, et se concentre sur un groupe – le Groupe Wagner. Si la proposition souligne les liens entre ce groupe et un État – en l'espèce l'État russe – elle rejette toute forme de soutien à ce groupe, dont elle condamne directement les exactions, élargissant le champ de la responsabilité, qui n'est plus seulement la responsabilité internationale de l'État pour manquement à ses obligations

[1] *Proposition de résolution commune sur les violations des droits de l'homme commises par des entreprises militaires et de sécurité privées, en particulier le groupe Wagner*, 24 novembre 2021, Parlement européen, 2021/2982(RSP).

conventionnelles, mais l'organisation elle-même, ses commanditaires, ses responsables et ses membres.

À la même période, le Conseil de l'Union européenne, organe intergouvernemental, a adopté une série de mesures restrictives à l'encontre du groupe Wagner. En 2021, de premières mesures, reconduites puis élargies par la suite, visent « le groupe Wagner lui-même, ainsi que huit personnes et trois entités qui lui sont liées. »[1]. Ces mesures constituent des sanctions politiques et économiques, mais le fait que le Conseil cible directement le groupe en tant que personne morale témoigne d'une délimitation de la responsabilité.

Ce rapide état des lieux des différences concernant la base juridique utilisée pour condamner les activités liées au mercenariat, et surtout pour définir leur responsabilité, suffit à prendre conscience du fait qu'une réglementation en droit international est nécessaire. Cela permettrait au Conseil de sécurité de préciser les activités de mercenariat qu'il entend condamner, ainsi que la responsabilité liée à ces activités, au-delà de la seule responsabilité internationale des États pour actes d'ingérence.

---

[1] *L'UE impose des mesures restrictives à l'encontre du groupe Wagner*, Communiqué de presse, 13 décembre 2021, Conseil de l'Union européenne.

# PARTIE II

# LA NÉCESSITÉ D'UNE RÉGLEMENTATION DU MERCENARIAT DANS SON ENSEMBLE EN DROIT INTERNATIONAL ET LA MARGE D'ACTION DU CONSEIL DE SÉCURITÉ

Comme déjà énoncé dans l'introduction, un consensus au sein des Nations Unies et des États s'est dégagé depuis plusieurs années quant à la menace que représente le mercenariat pour la paix et la sécurité. Traditionnellement, le Conseil de sécurité s'est toujours alarmé des risques que celui-ci représente en termes de sécurité. Jusqu'à très récemment, l'attention des organisations internationales, Nations Unies en tête, se limitait avant tout au continent africain, comme le démontre le débat de haut niveau sur la menace du recours aux mercenaires pour la paix en Afrique en 2019. L'arrivée du groupe Wagner et son implication dans le conflit ukrainien, en particulier à partir de février 2022, a déplacé l'appréciation de la menace à un niveau plus global. Mais face à l'évolution de la notion de mercenariat, la composition du Conseil de sécurité représente un frein important à sa condamnation. Au vu de cette limite souvent qualifiée de blocage, la question se pose de savoir si l'action du Conseil peut être influencée par le travail d'autres acteurs internationaux en matière de mercenariat.

# CHAPITRE I

## Une évolution vers une condamnation du mercenariat par le Conseil en tant que menace contre la paix

Si le Conseil ne dispose d'aucune définition juridique internationale sur laquelle se baser lorsqu'il traite de la question du mercenariat dans ses résolutions, il ne fait aucun doute qu'il existe un consensus au sein de ses membres concernant les risques posés par le mercenariat dit classique. Pour autant, la qualification du mercenariat et des mercenaires en tant que menace, dans le sens de « menace contre la paix et la sécurité internationale », fait lentement son chemin dans les résolutions du Conseil, sous une forme encore toutefois très régionalisée.

### *1) Le consensus du Conseil face aux risques posés par le mercenariat classique*

Si l'on observe les résolutions du Conseil de sécurité faisant état de mercenaires, on constate que ces derniers sont condamnés par le Conseil. Les condamnations prennent différentes formes, selon que les résolutions demandent le retrait des mercenaires d'un territoire d'un État membre, l'arrêt de leur soutien par des États tiers ou parties, voire plus récemment la condamnation directe des activités de mercenaires. Le Conseil a toujours lié les mercenaires à une dimension de risque dans le cadre des conflits armés.

Les deux premières résolutions signalant la question des mercenaires, à savoir les résolutions 161 et 169 à propos de la crise katangaise, exigeaient l'évacuation des mercenaires du territoire du Congo-Léopoldville. C'est plus précisément la première, la résolution 161, qui demandait l'évacuation « immédiate » des mercenaires du territoire katangais. La seconde, la résolution 169, signalait que le

Conseil autorisait le Secrétariat général à prendre « toutes les mesures nécessaires » afin d'appréhender et déporter les mercenaires étrangers « non diligentés par l'ONU ».

L'idée qu'il puisse exister des mercenaires « diligentés par l'ONU » est étonnante, mais il convient de rappeler qu'il n'existait alors aucune définition du mercenaire en droit international. Le reste de la résolution peut également surprendre, surtout depuis la résolution 660 concernant le conflit au Koweït[1]. A partir de celle-ci, le Conseil a pleinement réaffirmé son rôle posé par l'article 24 de la Charte de San Francisco, s'autorisant ou autorisant directement les États membres à prendre toutes les mesures nécessaires pour restaurer la paix et la sécurité. La résolution 169 doit être replacée dans le contexte de l'époque, qui est une période de début de guerre froide, au cours de laquelle le Conseil ne s'est jamais positionné en tant que garant de la sécurité collective. Dans cette résolution, il attribuait ainsi cette fonction au Secrétariat général.

Toujours dans la résolution 169, le Conseil appelait les États membres à éviter toute action pouvant contribuer au conflit du Congo-Léopoldville. Le Conseil présente l'utilisation et le soutien apporté par les États membres aux mercenaires opérant sur le territoire congolais comme une action contribuant au conflit. L'activité des mercenaires sur ce territoire est indirectement définie comme un risque, celui de contribuer au conflit, en le nourrissant, l'aggravant, empêchant le processus de résolution de ce dernier. L'activité des mercenaires est directement liée à la situation de conflit interne dans un pays précis, en l'espèce le Congo-Léopoldville. Il n'est pas encore question de menace contre

[1] *Condamnation et demande de retrait immédiat de l'Irak*, Résolution du Conseil de sécurité, 2 août 1990, Nations Unies, S/RES/660 (1990).

la paix et la sécurité internationale, ni même régionale, mais l'idée de risque posé par les mercenaires est déjà présente.

Cette interdépendance entre mercenaires et risques dans le cadre de conflits armés se retrouve régulièrement dans les résolutions du Conseil. Plus récemment, dans la résolution 2653 de 2022 au sujet d'Haïti[1], le Conseil appelait les États membres à prendre toutes les mesures nécessaires pour empêcher la mise à disposition de mercenaires venant ou non de leur territoire à destination de Haïti. Le Conseil n'indiquait pas expressément le fait que les mercenaires constituaient une menace à la sécurité et à la paix, mais posait l'idée que ces derniers représentaient un risque pour la stabilité du pays.

Ces mentions traduisent une prise en compte qui se limite à une acception classique des mercenaires et du mercenariat, car nécessairement en lien direct avec un contrôle étatique. Ainsi s'entend la formulation du Conseil, appelant dans la résolution 2653 les États « à prendre toutes les mesures nécessaires pour empêcher la mise à disposition de mercenaires ». L'expression de « mise à disposition » par les États traduit une conception traditionnelle du mercenariat, qui, en l'espèce, est presque unanimement condamnée, que ce soit par les États ou les organisations internationales.

En 1999, le Rapporteur spécial sur la question des mercenaires estimait que les États dit « faibles » constituent un terreau majeur pour l'activité des mercenaires. Selon lui, la pratique du mercenariat est « inversement proportionnelle à la paix, à la stabilité politique, au respect de l'ordre juridique et démocratique, à la capacité d'exploiter les ressources naturelles de manière rationnelle, à l'intégration harmonieuse de la population et à une répartition équitable du revenu qui fait échec à l'extrême

[1] *La question concernant Haïti*, Résolution du Conseil de sécurité, 21 octobre 2022, Nations Unies, S/RES/2653 (2022).

pauvreté ».[1] Cette mise en corrélation est à rapprocher du concept de sécurité humaine. L'évolution de l'acception du terme sécurité, au tournant des années 2000, coïncide avec l'évolution du mercenariat vers une approche plus globale, se traduisant par un glissement de la notion de « risque » à celle de « menace » dans la terminologie employée par le Conseil.

### *2) La mention du mercenariat en général en tant que menace dans les résolutions du Conseil*

Le conflit libyen et le groupe Wagner ont conduit à une prise en considération plus ferme des mercenaires par le Conseil, qui n'hésite désormais plus à qualifier leurs activités de menace pour la sécurité. Cette évolution reste largement implicite, mais le fait que le Conseil mentionne désormais les mercenaires et le risque qu'ils représentent de manière autonome, et non plus nécessairement en lien avec les États qui les soutiennent, traduit une évolution dans la prise en compte du mercenariat par le Conseil.

Lors d'une réunion le 30 avril 2021, le Conseil de sécurité évoquait le risque de dispersion des mercenaires présents en Libye dans les pays de la région. Le Conseil établissait un lien entre le retrait de Libye des mercenaires étrangers et les événements qui s'étaient déroulés au Tchad et avaient vraisemblablement conduit à la mort du président tchadien.[2] Si le Conseil continue d'employer le terme de

---

[1] *Rapport annuel du Rapporteur spécial sur la question de l'utilisation de mercenaires comme moyen de violer les droits de l'homme et d'empêcher l'exercice du droit des peuples à disposer d'eux-mêmes* (ci-après le Rapporteur spécial sur les mercenaires, présenté à la 55ème session de la Commission des droits de l'homme), Nations Unies, 13 janvier 1999, E/CN.4/ 1999/11.

[2] Le 20 avril 2021, le président tchadien Idriss Déby Itno décède des suites de ses blessures lors d'une altercation entre ses troupes et le Front pour l'Alternance et la Concorde au Tchad (« Tchad: la mort d'Idriss Déby, un président chef de guerre, 2ème épisode de « Mort d'Idriss

« risque », parlant de « risque de dispersion », celui-ci peut être interprété comme un équivalent de « menace » pour la stabilité de la région. Il convient de souligner que la terminologie employée par le Conseil n'est nullement anodine. Le fait de ne pas faire usage des termes « menaces contre la paix et la sécurité » évite de placer la situation des mercenaires dans le champ matériel de compétence du Conseil, celui de la sécurité collective. On se situe implicitement dans ce cadre, mais l'implicite laisse la porte ouverte à l'interprétation, et n'engage pas la responsabilité du Conseil au titre de l'article 24.

C'est dans les déclarations faites par le Secrétaire général des Nations Unies, mais également par les représentants d'États membres, que l'on peut identifier des évocations plus expresses concernant les risques posés par les mercenaires, non seulement dans le cas de conflits armés non internationaux, mais également pour la stabilité dans certaines régions, en particulier en Afrique. Rappelons les déclarations du représentant permanent de la France auprès des Nations Unies, François Delattre, cité en introduction, qui déclarait en 2019 que le mercenariat incarne « une véritable menace pour la paix et la sécurité du continent africain ».[1] Une telle déclaration reflète l'évolution de la prise en compte par les membres du Conseil de sécurité des menaces posées par les mercenaires ; menaces qui dépassent le seul cadre de conflits armés, pour s'étendre à d'autres domaines liés à la sécurité.

---

Déby : enquête sur la grande énigme », Investigation coordonnée par François Mazet et Florence Morice, avec Franck Alexandre, Madjiasra Nako et Esdras Ndikumana, 16 avril 2022, *RFI*.

[1] *Le phénomène du mercenariat constitue une menace pour la paix et la sécurité de l'Afrique* - Les activités mercenaires comme source d'insécurité et de déstabilisation en Afrique, M. François Delattre, représentant permanent de la France auprès des Nations unies Conseil de sécurité, 4 février 2019, Nations Unies.

Le 12 novembre 2021, dans la résolution 2566, le Conseil renouvelle le mandat de la MINUSCA en République centrafricaine.[1] Dans cette résolution, le Conseil qualifie la présence du groupe Wagner de « profondément déstabilisante », insistant sur le fait qu'elle constitue « un facteur de guerre et non de paix ». Le Conseil énumère une accumulation de preuves concernant les exactions commises par ce groupe. À nouveau, le terme de menace n'est pas expressément employé, mais la qualification des activités du groupe est nettement plus explicite que dans des résolutions antérieures, puisqu'il est question de « facteur de guerre et non de paix ». Sans situer sa résolution dans le champ matériel du chapitre VII de la Charte, le Conseil opère une évolution terminologique, qui permet de cibler le groupe de mercenaires comme étant l'auteur des exactions mentionnées, sans avoir recours à la responsabilité du ou des États le contrôlant.

Si ce changement traduit la prise en compte de l'évolution du mercenariat vers des formes de privatisation des forces militaires, avec une responsabilité non plus seulement étatique mais également privée, le cas du groupe Wagner est emblématique de la difficulté du Conseil à ouvertement condamner les exactions dudit groupe, du fait notamment de la présence de la Russie en tant que membre permanent du Conseil. Ainsi, la composition du Conseil pose des limites quant à la condamnation du mercenariat dans les résolutions.

---

[1] *La situation en République centrafricaine*, Résolution du Conseil de sécurité, 12 mars 2021, Nations Unies, S/RES/2566 (2021).

## CHAPITRE II

### La composition du Conseil de sécurité, une entrave à la prise de position sur le mercenariat « nouveau »

Depuis la rédaction de la Charte des Nations Unies en 1945, l'article 23 est demeuré inchangé.[1] Celui-ci établit la composition du Conseil, avec la liste des membres permanents au paragraphe premier : France, Royaume-Uni, Chine, Etats-Unis et Russie. Or, ces États, en particulier les deux derniers, sont au cœur de l'évolution du mercenariat vers des formes « nouvelles », avec une privatisation/externalisation, légale ou non, des forces de combat en territoire étranger. Les enjeux politiques poursuivis par les membres permanents, qui bénéficient de facto d'un droit de véto, influent ainsi directement sur le contenu des résolutions. Si une réforme du Conseil, bien qu'appelée de leurs vœux par de nombreux États, parait difficilement envisageable en pratique, certaines propositions, comme la contrainte du véto des membres permanents, pourraient exercer une influence sur la lutte contre le mercenariat dans les résolutions du Conseil.

#### *1) Les considérations politiques des membres permanents et le mercenariat : exemples de pratique*

Pendant la période de décolonisation, la France et le Royaume-Uni ont apporté un soutien plus ou moins officiel

[1] « *Le Conseil de sécurité se compose de quinze Membres de l'Organisation. La République de Chine, la France, l'Union des Républiques Socialistes Soviétiques, le Royaume-Uni de Grande-Bretagne et d'Irlande du Nord, et les États-Unis d'Amérique sont membres permanents du Conseil de sécurité.* », Article 23 § 1, Charte des Nations Unies du 26 juin 1945.

à des mercenaires.[1] À titre d'exemple, pendant la guerre du Biafra, il a été établi que des mercenaires avaient été utilisés par le Royaume-Uni en vue de sauvegarder ses participations dans l'exploitation pétrolière sur le territoire du Nigéria, et pour contrer l'influence grandissante de la France dans la région.[2] Sans forcément faire de lien direct, il n'est pas inutile de rappeler que par la suite, aucun des membres permanents du Conseil de sécurité n'a signé la Convention internationale contre le recrutement, l'utilisation, le financement et l'instruction de mercenaires de 1989.

Comme indiqué précédemment, depuis le tournant des années 2000, le mercenariat a évolué vers des formes « nouvelles », avec une privatisation des conflits, par le biais d'EMSP, lesquelles proposent des services incluant dans certains cas la projection de forces armées. Les EMSP ont connu leur apogée lors des conflits afghan et irakien. Le Groupe de travail d'experts des Nations Unies sur l'utilisation des mercenaires estimait ainsi que le chiffre - déjà conséquent - de 100.000 agents privés travaillant en Irak pour le compte des Etats-Unis était largement sous-évalué, car il ne comprenait notamment pas les employés des entreprises sous-traitantes.[3]

Dans le cas des Etats-Unis, la question de l'immunité des employés d'EMSP impliquées dans des violations de droits de l'homme est un thème récurrent depuis le début des

---

[1] LEYMARIE P., « En Afrique, une nouvelle génération de 'chiens de guerre' », Novembre 2004, *Le Monde diplomatique*.

[2] Mc INTYRE A. et WEISS T., « Weak governments in search of strength. Africa's experience of mercenaries and private military companies », in CHESTERMAN S. et LEHNARDT C. (dir.), *From mercenaries to market. The rise and regulation of private military companies*, Oxford University Press, New York, 2007.

[3] § 43 du *Rapport annuel du Groupe de travail d'expert*s, 7ème session du Conseil des droits de l'homme, 9 janvier 2008, Nations Unies, A/HRC/7/7.

années 2000. En plein conflit irakien, Paul Bremer, alors administrateur de l'Autorité provisoire de la Coalition en Irak (Coalition Provisional Authority), avait ainsi promulgué l'ordonnance 17, qui accordait l'immunité de poursuites aux EMSP et à leurs employés sur le territoire irakien.[1]

Plus récemment, en 2020, quatre contractants de l'entreprise Blackwater, poursuivis pour meurtre, homicide volontaire et tentative d'homicide lors du massacre de Nisour Square en 2007[2], furent graciés par le président Donald Trump.[3] Le Groupe de travail sur l'utilisation des mercenaires avait fait valoir que ce type de grâces « violent les obligations des États-Unis en vertu du droit international et, plus largement, portent atteinte au droit humanitaire et aux droits de l'homme au niveau mondial ».[4]

Ces prises de position par les autorités nationales témoignent de motivations politiques et économiques des États par rapport à l'engagement d'EMSP sur des zones de conflit en territoire étranger. Ces motivations semblent difficilement compatibles avec une prise en compte et une condamnation des activités liées au mercenariat, et qui concerneraient des EMSP originaires desdits États.

De telles positions se reflètent dans le cadre des résolutions du Conseil de sécurité, ou plutôt dans sa difficulté à voter certaines résolutions. Au mois d'avril 2022, alors que le Conseil demandait la conduite d'enquêtes indépendantes faisant suite au massacre de Moura, au Mali,

---

[1] Cette ordonnance a finalement été annulée en janvier 2009 avec l'entrée en vigueur du nouveau « Status of Forces Agreement ».

[2] APUZZO M., « Blackwater Guards Found Guilty in 2007 Iraq Killings », 22 octobre 2014, *New York Times*.

[3] SAFI M., Trump pardons Blackwater contractors jailed for massacre of Iraq civilians, 23 décembre 2020, *The Guardian*.

[4] *La grâce accordée par les Etats-Unis aux gardes de Blackwater est un « affront à la justice » (experts onusiens)*, Nations Unies, UN News, 30 décembre 2008.

par l'armée malienne et des paramilitaires russes, vraisemblablement membres du groupe Wagner, la Russie posait son véto à une telle résolution.[1] Quelques semaines auparavant, au mois de janvier 2022, la Russie et la Chine s'étaient opposées au vote d'une résolution du Conseil, censée soutenir les sanctions décidées par la Communauté économique des États de l'Afrique de l'Ouest (Cedeao) contre la junte au Mali. Le représentant permanent de la Russie aux Nations Unies, Vassili Nebenzia, avait demandé aux États membres de faire preuve de « compréhension » à l'égard des autorités maliennes.[2]

L'influence des enjeux politiques est particulièrement flagrante dans le cas de la Russie. Ainsi, trois membres permanents du Conseil, les Etats-Unis, la France et le Royaume-Uni, ont condamné la guerre menée par la Russie en territoire ukrainien, et se sont montrés très engagés pour condamner les activités du groupe Wagner dans le cadre de ce conflit. De manière plus indirecte, les Etats-Unis ont proposé au gouvernement de République de Centrafrique d'augmenter leur aide humanitaire et de pourvoir notamment à la formation de l'armée centrafricaine, en échange d'une expulsion des paramilitaires russes du groupe Wagner du territoire du pays.[3] Cet exemple souligne le bras de fer engagé entre les deux États en termes d'influence géostratégique.

Ces considérations politiques antagonistes de la part des membres permanents du Conseil enrayent la prise de résolutions, limitant dès lors fortement la capacité de celui-ci à se positionner en matière de mercenariat. La question

---

[1] « Mali: la Russie met son veto à l'ONU sur une demande d'enquête sur le massacre présumé de Moura », 9 avril 2022, *RFI*.

[2] « Mali : Russie et Chine bloquent à l'ONU un texte soutenant les sanctions de la Cedeao », 12 janvier 2022, *Le Point*.

[3] BENSIMON C., « Les Etats-Unis engagent une stratégie pour évincer d'Afrique les mercenaires du Groupe Wagner », 20 février 2023, *Le Monde*.

se pose de savoir si cette situation peut être amenée à évoluer par des changements structurels, comme la limitation du droit de véto.

### *2) Vers une contrainte du droit de véto des membres permanents, une possibilité pour restreindre le mercenariat ?*

Le souhait d'une évolution de la composition du Conseil de sécurité a été formulé à de nombreuses reprises par différents États. En novembre 2022, une série de réunions portant sur une réforme du Conseil s'est tenue au sein de l'Assemblée générale des Nations Unies. Lors de la semaine de réunion des représentants de haut niveau, qui s'était déroulée quelques semaines plus tôt au mois de septembre 2022, plus d'un tiers des États membres s'étaient en effet affichés en faveur d'une réforme.

À titre d'exemple, la Sierra Leone, dont le représentant s'exprimait au nom du Groupe des États d'Afrique, avait rappelé que le continent africain était absent de la liste des membres permanents, mais qu'il était également sous-représenté dans la catégorie des membres non-permanents. La représentante du Royaume-Uni, Barbara Woodward, avait quant à elle appuyé la création de nouveaux sièges permanents pour l'Allemagne, l'Inde, le Japon et le Brésil, ainsi qu'une représentation africaine permanente.[1]

Une majorité d'États s'accordent sur les problèmes de blocage du Conseil, entrainés par le droit de véto de facto des membres permanents, comme le soulignait le président de l'Assemblée générale, Csaba Körösi, en novembre 2022, lorsqu'il évoquait le blocage du Conseil depuis le début de la guerre en Ukraine, empêchant celui-ci d'assumer son rôle

---

[1] *Assemblée générale : La réforme du Conseil de sécurité divise les tenants d'un texte de négociation et ceux d'un consensus préalable*, Assemblée générale, Soixante-dix-septième session, 17 novembre 2022, Nations Unies, AG/12472.

de garant de la paix et sécurité internationale.[1] Au terme des réunions, l'Assemblée s'était engagée à convoquer un débat sur l'exercice du droit de veto au cours de l'année 2023. La situation est à ce jour toujours en suspens et son évolution reste incertaine.

En avril 2022, l'Assemblée générale avait adopté sans vote une résolution proposée par le Lichtenstein, qui vise à encadrer le recours au véto des membres permanents.[2] La résolution indique que dans les dix jours suivant l'exercice du véto d'un ou de plusieurs des membres permanents du Conseil, un débat doit être convoqué par l'Assemblée sur le sujet concerné. Priorité est accordée aux orateurs des membres permanents ayant exercé leur véto, afin qu'ils puissent expliquer leurs motivations, sachant que les États concernés peuvent décliner l'offre. L'idée est de tenter un contrôle sur le véto des membres permanents, en demandant à ces derniers de se justifier. L'accueil réservé à cette résolution est resté mitigé, en particulier du côté des membres permanents. La Russie a rappelé qu'au titre de l'article 12 de la Charte, l'Assemblée générale ne peut formuler de recommandations sur des questions examinées par le Conseil. Si l'intervention russe manquait de cohérence, elle attestait en tout cas de l'hostilité de l'État, qui, à juste titre, s'estimait visé.

On pourrait également considérer un recours à la résolution 377 de l'Assemblée générale de 1950, dite « résolution Acheson »[3], qui permet à l'Assemblée, dans le

---

[1] La Russie et la Chine avaient déjà été accusés par de nombreux États d'un recours « abusif » à leur droit de véto dans le cadre du conflit syrien.

[2] *Mandat permanent permettant à l'Assemblée générale de tenir un débat en cas de recours au droit de veto au Conseil de sécurité*, Résolution de l'Assemblée générale, 26 avril 2022, Nations Unies, A/RES/76/262.

[3] *Union pour le maintien de la Paix*, Résolution de l'Assemblée générale, 3 novembre 1950, Nations Unies, A/RES/377(V).

cas où le Conseil faillit à s'acquitter de sa responsabilité principale de maintien de la paix et de la sécurité internationale, de faire des recommandations aux Membres. Mais la limite évidente de cette déclaration tient à son caractère déclaratoire et non contraignant.

On le voit, la marge de manœuvre du Conseil de sécurité est entravée par le recours au véto des membres permanents. Dans le cas du mercenariat, cela s'illustre par le fait que certains membres ont des intérêts liés aux activités de ces groupes. Les réformes et évolutions proposées constituent à ce jour encore des vœux pieux, et peinent à faire évoluer la situation. Reste à savoir si d'autres acteurs peuvent contribuer à une prise en compte du mercenariat, ce qui pourrait en retour influencer le Conseil.

# CHAPITRE III

## La potentielle influence du Conseil par d'autres acteurs en matière de réglementation du mercenariat

Si le Conseil est à ce jour fortement contraint dans sa marge de manœuvre concernant le mercenariat, incluant ses formes nouvelles, d'autres acteurs se révèlent plus actifs. Certains organes des Nations Unies, comme l'Assemblée générale, le Secrétaire général ou les rapports de la Commission des droits de l'homme, font preuve d'un dynamisme notoire. Toutefois l'absence de pouvoir juridiquement contraignant des décisions et propositions de ces organes limite considérablement l'impact de leur travail, et il est nécessaire de se tourner vers d'autres acteurs, internationaux et nationaux, en termes de régulation du mercenariat.

### *1) L'impulsion de la prise en compte du mercenariat par les autres organes des Nations Unies*

À plusieurs reprises, le Secrétaire général des Nations Unies a fermement condamné les activités liées au mercenariat. Lors du discours d'ouverture du Conseil de sécurité le 4 février 2019, António Guterres a présenté des propositions pour endiguer les activités des mercenaires, qualifiées de « source d'insécurité et de déstabilisation en Afrique ».[1] La première voie réside dans le renforcement de la réglementation juridique, tant au niveau international que national. Rappelons que le Secrétaire général, à travers ses propositions, bien que très générales, remplit le rôle que lui

---

[1] *La présence de mercenaires aggrave les conflits et menace la stabilité de l'Afrique (ONU)*, 4 février 2019, Paix et Sécurité, Nations Unies.

attribue la Charte, à savoir celui d'attirer « l'attention du Conseil de sécurité sur toute affaire qui, à son avis, pourrait mettre en danger le maintien de la paix et de la sécurité internationales ».[1] À ce titre, il bénéficie d'une marge de manœuvre importante, mais ces propositions ne revêtent aucune forme contraignante, se limitant à un caractère recommandatoire.

Le groupe de travail des Nations Unies sur les mercenaires, créé pour remplacer le Rapporteur spécial, permet d'attirer l'attention sur la question de la violation des droits de l'homme et du droit international humanitaire commises dans le cas d'activités liées au mercenariat. Jelena Aparac, experte indépendante du groupe de travail, souligne à ce titre des « violations continues et systématiques des droits de l'homme » perpétrées par ce qu'elle appelle « du personnel de sécurité de nationalité russe ».[2] Si le travail du groupe d'experts, en tant que groupe placé sous l'égide de la Commission des droits de l'homme, se focalise sur le champ de compétence de la Commission, de telles exactions peuvent trouver leur place dans le domaine plus large de la paix et la sécurité, à travers notamment l'élargissement du concept de sécurité.

Depuis la publication du Rapport mondial sur le développement humain publié en 1994 par le Programme des Nations Unies pour le Développement (PNUD)[3], la sécurité est entendue au sens large grâce au concept de « sécurité humaine ». Cette notion a été reprise par le Conseil de sécurité ; l'exemple le plus parlant étant la résolution 1970 du 26 février 2011, dans laquelle le Conseil rappelle qu'il est de la responsabilité des autorités libyennes

---

[1] Article 99, Charte des Nations Unies du 26 juin 1945.

[2] BRINGER B., « Wagner, les mercenaires de la Russie », Forbidden Films, *Arte TV*, 2023.

[3] *Rapport mondial sur le développement humain,* Programme des Nations Unies pour le développement (PNUD), 1994, Nations Unies.

de protéger leur peuple, considérant que « les attaques systématiques et généralisées contre la population civile sont de nature à constituer des crimes contre l'humanité ».[1] Le Conseil se faisait pour la première fois le porte-parole de l'obligation de protéger.

Ce qui est intéressant est de souligner le lien établi par le Conseil entre paix et sécurité d'une part, et protection des populations civiles d'autre part. Dans ce cadre, le travail du groupe d'experts des Nations Unies sur les mercenaires peut influencer le Conseil dans ses résolutions, à travers la prise en compte et la qualification des exactions commises par les mercenaires. En 2021, le groupe d'experts avait même présenté un projet de Convention sur les sociétés militaires et de sécurité privées, qui visait à énoncer des normes internationales minima pour que les États réglementent l'activité de ces sociétés.[2] Une telle convention relèverait du droit souple, mais pourrait servir de référence au Conseil.

L'Assemblée générale des Nations Unies peut quant à elle disposer d'un certain poids en termes d'influence sur le Conseil, étant donné qu'elle est constituée de tous les États membres des Nations Unies. Encore faut-il que les instruments qu'elle propose soient ratifiés par un nombre suffisamment conséquent d'États parties. À ce titre, la Convention de 1989 avait été présentée par l'Assemblée générale, mais seuls 37 États l'ont à ce jour ratifiée, dont aucun membre permanent du Conseil. On peut comparer la Convention de 1989 avec les Conventions de Genève de 1949, ratifiées par une vaste majorité des États, ce qui leur

[1] *Concernant la Libye*, Résolution du Conseil de sécurité, 26 février 2011, Nations Unies, S/RES/1970 (2011).

[2] *Rapport du Groupe de travail sur l'utilisation de mercenaires comme moyen de violer les droits de l'homme et d'empêcher l'exercice du droit des peuples à disposer d'eux-mêmes*, Conseil des droits de l'homme, Quarante-huitième session, 13 septembre-1er octobre 2021, Nations Unies.

confère un caractère quasi-universel. Une étude du CICR a relevé que certains principes du droit des conflits armés, comme le principe de distinction, devaient être considérés comme des principes coutumiers.[1] A l'opposé, les principes contenus par la Convention de 1989, au regard de la faible participation des États, de son caractère relativement récent, et d'une pratique aléatoire, se heurtent à une impossible qualification coutumière.

Bien que l'Assemblée générale soit à même de présenter des instruments juridiques, comme la Convention de 1989, ces derniers demeurent tributaires de la volonté des États de devenir partie ou non à ce type d'obligations conventionnelles. En dehors de cela, le travail de l'Assemblée ne peut se mesurer qu'en termes d'influence à moyen et long terme. La situation ressemble au serpent se mordant la queue. Le Conseil est bloqué en raison de sa composition, tandis que les résolutions de l'Assemblée générale ne revêtent aucun caractère contraignant et que les instruments juridiques qu'elle propose peinent à obtenir une large ratification. En matière de réglementation du mercenariat, il parait indispensable de se tourner vers d'autres organisations, voir même des acteurs nationaux, qui pourraient exercer une influence plus profonde sur la pratique des États, et par ce biais sur le Conseil de sécurité.

### *2) Le possible impact de la réglementation du mercenariat par les acteurs régionaux et nationaux sur le Conseil de sécurité*

Au niveau des organisations internationales, les autres organes des Nations Unies sont limités par le fait que leurs

[1] Henckaerts J.M., Étude sur le droit international humanitaire coutumier. Une contribution à la compréhension et au respect du droit des conflits armés, *Revue internationale de la Croix-Rouge*, Volume 87, Sélection française, 2005, Comité international de la Croix-Rouge (CICR).

décisions et recommandations ne possèdent pas de caractère contraignant. Cela peut certes engendrer à terme une certaine influence sur le comportement des États, et possiblement celui des membres permanents du Conseil de sécurité, mais l'absence de contrainte juridique accorde un pouvoir discrétionnaire particulièrement important aux États, ce qui, dans le cas du Conseil, limite son intervention.

En matière de droit dur, l'exemple de l'Union européenne - que l'on qualifie parfois d'organisation internationale à caractère régional bien qu'elle représente plutôt une organisation sus generis - est particulièrement intéressant concernant les activités liées au mercenariat, du fait des mesures concrètes engagées. Dans la proposition de résolution commune présentée par le Parlement européen fin 2021 sur les violations des droits de l'homme commises par des entreprises militaires et de sécurité privées, en particulier le groupe Wagner, déjà mentionnée dans la première partie, le Parlement félicite notamment les « sanctions ciblées de l'Union contre les personnes et entités liées au groupe Wagner », annoncées par le Conseil des affaires étrangères de l'Union européenne. Le Parlement pose en outre un cadre à l'activité de ces entités, indiquant que « aucune activité amenant à faire usage de la force et/ou à participer activement à des hostilités, en dehors de situations de légitime défense, ne devrait être sous-traitée à des EMSP ».

Les sanctions mentionnées par le Parlement européen dans sa proposition de résolution commune et prises par le Conseil de l'Union européenne à l'encontre de personnes et entités liées au groupe Wagner constituent un excellent exemple des leviers d'action dont peuvent disposer les organisations internationales, même s'il s'agit dans le cas du Conseil de l'Union européenne d'un cadre intergouvernemental et non supranational. Pour autant, le Conseil de sécurité pourrait s'inspirer de ce type de leviers, en faisant usage par exemple de l'article 41 de la Charte, qui traite des mesures sans emploi de la force, comme les mesures économiques ou diplomatiques.[1] Mais si l'impulsion peut venir de certains États, comme les Etats-Unis dans le cas spécifique du groupe Wagner, le problème du droit de véto de facto évoqué précédemment demeure entier.

A côté de l'Union européenne, l'Union africaine (UA) représente aujourd'hui un acteur incontournable sur la scène internationale en matière de mercenariat. L'impuissance de l'OUA dans le cas de nombreux conflits armés avait conduit au remplacement de celle-ci par l'UA en 2003, censée symboliser « une ambition africaine en matière de sécurité et de défense collective ».[2] Lors du deuxième Forum africain sur la réforme du secteur de la sécurité, organisé en 2018 par la Commission de l'UA, les États membres ont recommandé la révision de la Convention de 1977 de l'OUA sur l'élimination du mercenariat en Afrique en vue de l'adapter aux évolutions intervenues en matière de mercenariat depuis son adoption. Un des idées était de doter la Convention d'un mécanisme de mise en œuvre et de suivi. A ce jour, la Convention n'a toujours pas été révisée.

Au niveau du droit pénal international, notons que le statut de Rome portant création de la Cour Pénale Internationale (CPI) ne mentionne pas expressément les activités de mercenariat.[3] Toutefois, si l'on reprend les

---

[1] « *Le Conseil de sécurité peut décider quelles mesures n'impliquant pas l'emploi de la force armée doivent être prises pour donner effet à ses décisions, et peut inviter les Membres des Nations Unies à appliquer ces mesures.* », Article 41, Charte des Nations Unies du 26 juin 1945.

[2] BEDZIGUI Y., « Les mutations de la sécurité collective de l'Union africaine », *Annuaire français de relations internationales*, 2021, pp. 257 à 275.

[3] *Statut de Rome de la Cour pénale internationale*, 17 juillet 1998, A/CONF.183/9.

publications du groupe d'experts des Nations Unies sur les mercenaires, et notamment les déclarations de l'experte Jelena Aparac, « certaines exactions » commises par des mercenaires « sont telles qu'elles pourraient être qualifiées de crimes de guerre, voire de crimes contre l'humanité ».[1] Ainsi, par le biais de la qualification de crimes de guerre – article 8 du statut de Rome – ou de crime contre l'humanité – article 7 du statut de Rome – certaines activités liées au mercenariat seraient à même d'entrer dans le champ de compétence matérielle de la CPI. Une telle qualification pourrait exercer une influence sur le Conseil de sécurité.

Les positions des États et les réglementations nationales peuvent également contribuer à faire évoluer la réglementation au niveau international. Toutefois, en termes de législation nationale, exceptés certains cas plutôt isolés comme celui de l'Afrique du Sud[2], les États peinent à réglementer les EMSP dans leur droit national, alors qu'ils sont nombreux à avoir interdit le mercenariat « classique » sur leur territoire. La démarche est plus aisée quand il s'agit de réglementer des groupes étrangers. Au mois de janvier dernier, le Département du trésor américain plaçait le groupe Wagner sur la liste des « organisations criminelles transnationales », ouvrant la voie à des sanctions à l'encontre de personnes physiques et morales liées au pouvoir russe.[3]

En mai 2023, l'Assemblée nationale française adoptait une résolution appelant l'Union européenne à inscrire le

---

[1] BRINGER B., « Wagner, les mercenaires de la Russie », Forbidden Films, *Arte TV*, 2023.

[2] GARCIA T., « Privatisation du mercenariat et droit international », Cités, 2005/4 (n° 24), pp. 119 à 131.

[3] *Treasury Sanctions Russian Proxy Wagner Group as a Transnational Criminal Organization*, Communiqué de presse, 26 janvier 2023, U.S. Departement of the Treasury.

groupe Wagner sur sa liste des organisations terroristes.[1] Hormis la possibilité de prendre des mesures, notamment économiques, vis-à-vis d'organisations ou d'États soutenant ces organisations, l'inscription sur la liste des organisations terroristes de l'Union européenne n'autorise pas en soi d'actions relevant de la sécurité collective. Mais une telle inscription sur la liste d'une organisation régionale comme l'Union européenne participe au phénomène d'influence, prélude souvent nécessaire à la rédaction d'instruments de droit souple, voire de droit dur.

Ces deux exemples – registre des organisations criminelles transnationales pour les Etats-Unis et liste des organisations terroristes de l'Union européenne – se limitent à un groupe spécifique, le groupe Wagner, qui, bien qu'occupant le devant de la scène médiatique depuis plusieurs mois en termes de mercenariat, ne peut à lui seul représenter l'ensemble des activités liées au mercenariat. Si de telles décisions peuvent naturellement exercer une influence sur les membres du Conseil de sécurité au-delà des seuls États les ayant prises, leur périmètre demeure circonscrit, car limité à des entités spécifiques.

On comprend que l'ombre de certains États, en particulier les membres permanents du Conseil, plane même sur les décisions prises au niveau national ou dans le cadre d'organisations régionales. Et la montée en puissance de certains acteurs régionaux, tels que l'UA, demeure encore restreinte du fait de l'absence d'outils permettant l'application concrète de textes juridiques préalablement adoptés.

---

[1] *Résolution visant à appeler la France et l'Union européenne à inscrire le groupe militaire privé Wagner sur la liste des organisations terroristes*, 9 mai 2023, Assemblée Nationale, Résolution n°111.

# CONCLUSION

« Le veto n'est pas la pierre angulaire des Nations Unies, mais sa pierre tombale », avait déclaré le représentant du Costa Rica aux Nations Unies lors de la soixante-seizième session de l'Assemblée générale le 26 avril 2022. Cette sentence est sévère, mais reflète tragiquement la réalité actuelle du Conseil, illustrée notamment par son blocage dans le cadre du conflit en Ukraine. À ce titre, les difficultés rencontrées par le Conseil pour adopter des mesures contraignantes vis-à-vis des activités liées au mercenariat, en particulier les formes nouvelles de mercenariat, ne sont pas spécifiques au mercenariat, mais sont liées aux considérations géopolitiques et économiques des membres permanents du Conseil. Un membre permanent ayant des intérêts politiques et/ou économiques liés à des activités de mercenariat sera immanquablement réticent à condamner clairement lesdites activités dans le cadre d'une résolution, à laquelle il sera tenté d'opposer son véto.

Cette implacable logique illustre les limites du champ d'action du Conseil de sécurité et conduit à questionner la pertinence de cet acteur en matière de prise en compte du mercenariat. Au vu de cette situation, celle-ci semble vouée à demeurer limitée, voire impossible, dans le cas où des membres permanents présentent un intérêt lié aux activités de mercenariat. C'est dès lors vers d'autres acteurs, a priori des acteurs régionaux, voire nationaux, qu'il faut se tourner. On ne peut qu'espérer que les réglementations prises dans ce cadre exercent une influence suffisamment forte sur les membres permanents du Conseil, dont certains sont par ailleurs également membres d'organisations régionales, pour que leurs intérêts évoluent et que leur souci de contribuer au maintien de la paix et de la sécurité internationale apparaisse comme une préoccupation majeure. L'exemple ukrainien avec le conflit armé l'opposant à la Russie semble malheureusement attester des limites posées à cette aspiration.

Pour conclure, il convient de souligner que si la question du mercenariat se distingue principalement dans le cadre de conflits armés, les EMSP ne prennent pas seulement et pas automatiquement une part active aux opérations militaires. Elles peuvent être et sont également opérationnelles à d'autres niveaux, comme le maintien de la paix, ou des opérations de logistique humanitaire, par exemple. Ce type d'activités pouvant être exercées par les EMSP s'éloigne de l'esprit et de la pratique des activités de mercenariat classique, qui, elles, font l'objet d'une condamnation unanime. Il a ainsi pu être proposé que des EMSP soient chargées de missions de maintien de la paix des Nations Unies, mais ce type d'initiatives s'est toujours heurté à l'opposition du Conseil de sécurité. De telles initiatives entrent en contradiction avec les Chapitre VII et VIII de la Charte, qui définissent l'autorisation de la force armée par le Conseil, ainsi que les Accords régionaux. Du point de vue de la sécurité collective, telle qu'établie et élaborée depuis 1945, il parait délicat de confier des missions de maintien de la paix à des organisations qu'on peine à qualifier juridiquement. Là encore, une réglementation internationale est nécessaire.

# BIBLIOGRAPHIE


APUZZO M., « Blackwater Guards Found Guilty in 2007 Iraq Killings », 22 octobre 2014, New York Times.

Assemblée générale : La réforme du Conseil de sécurité divise les tenants d'un texte de négociation et ceux d'un consensus préalable, Assemblée générale, Soixante-dix-septième session, 17 novembre 2022, Nations Unies, AG/12472.

Bases de données de Droit international humanitaire, Comité international de la Croix-Rouge (CICR), 2020.

BEDZIGUI Y., « Les mutations de la sécurité collective de l'Union africaine », Annuaire français de relations internationales, 2021, pp. 257 à 275.

BENSIMON C., « Les Etats-Unis engagent une stratégie pour évincer d'Afrique les mercenaires du Groupe Wagner », 20 février 2023, Le Monde.

BRINGER B., « Wagner, les mercenaires de la Russie », Forbidden Films, Arte TV, 2023.

CANTEGREIL J., « La doctrine du « combattant ennemi illégal » », Revue de science criminelle et de droit pénal comparé, Dalloz, 2010/1 N° 1, pp. 81 à 106.

CHAPLEAU P., Sociétés militaires privées. Enquête sur les soldats sans armée, Éditions du Rocher, Monaco, 2005.

Concernant la Libye, Résolution du Conseil de sécurité, 26 février 2011, Nations Unies, S/RES/1970 (2011).

Condamnation de l'agression armée au Bénin, Résolution du Conseil de sécurité, 16 avril 1977, Nations Unies, S/RES/405 (1977).

Condamnation et demande de retrait immédiat de l'Irak, Résolution du Conseil de sécurité, 2 août 1990, Nations Unies, S/RES/660 (1990).

Conseil Constitutionnel., 26 juin 1986, Décision n° 86-207 DC, Loi autorisant le Gouvernement à prendre diverses mesures d'ordre économique et social – Conformité.

Convention de l'Organisation de l'union africaine (OUA) sur l'élimination du mercenariat en Afrique, 1977, Organisation de l'union africaine, CM/817 (XXIX).

Convention internationale contre le recrutement, l'utilisation, le financement et l'instruction de mercenaires, 4 décembre 1989, adoptée par la résolution A/44/341 du 4 décembre 1989, Nations Unies, Recueil des Traités, vol. 2163, p. 75.

C.I.J., Avis consultatif, 8 juillet 1996, Licéité de la menace ou de l'emploi d'armes nucléaires, avis consultatif, Rec., p. 226.

GARCIA T., « Privatisation du mercenariat et droit international », Cités, 2005/4 (n° 24), pp. 119 à 131.

Henckaerts J.M., Étude sur le droit international humanitaire coutumier. Une contribution à la compréhension et au respect du droit des conflits armés, Revue internationale de la Croix-Rouge, Volume 87, Sélection française, 2005, Comité international de la Croix-Rouge (CICR).

KLEN M., « La pénétration du groupe Wagner en Afrique », Revue Défense Nationale, n° 860, Mai 2023, p. 53-58.

La grâce accordée par les Etats-Unis aux gardes de Blackwater est un « affront à la justice » (experts onusiens), Nations Unies, UN News, 30 décembre 2008.

La présence de mercenaires aggrave les conflits et menace la stabilité de l'Afrique (ONU), Paix et Sécurité, UN News, Nations Unies, 4 février 2019.

La question concernant Haïti, Résolution du Conseil de sécurité, 21 octobre 2022, Nations Unies, S/RES/2653 (2022).

La question du Congo, Résolution du Conseil de sécurité, 21 février 1961, Nations Unies, S/RES/161 (1961).

La question du Congo, Résolution du Conseil de sécurité, 24 novembre 1961, Nations Unies, S/RES/169 (1961).

La Russie bloque la prolongation de la mission politique de l'ONU en Libye, AFP, France 24, 15 septembre 2021.

La situation au Mali (MINUSMA), Résolution du Conseil de sécurité, 29 juin 2022, Nations Unies, S/RES/2640 (2022).

La situation en Libye, Résolution du Conseil de sécurité, 17 avril 2021, S/RES/2570 (2021).

La situation en République centrafricaine, Résolution du Conseil de sécurité, 12 mars 2021, Nations Unies, S/RES/2566 (2021).

LAYEB A., « Mercenary activity: United States neutrality laws and enforcement », NYLS Journal of International and Comparative Law, Volume 10 Number 3, 1989.

Le Conseil de sécurité se mobilise devant l'ampleur du trafic illicite d'armes légères en Afrique de l'Ouest et le phénomène de mercenariat, Communiqué de presse, 18 avril 2003, Nations Unies, CS/2462.

Le Document de Montreux sur les obligations juridiques pertinentes et les bonnes pratiques pour les États en ce qui concerne les opérations des entreprises militaires et de sécurité privées pendant les conflits armés, 17 septembre 2008,

Confédération suisse et Comité international de la Croix-Rouge (CICR).

LE PAUTREMAT P., « Mercenariat et sociétés militaires privées : expressions divergentes de la privatisation des conflits ? », Inflexions, 2007/1 (N° 5), pp. 137 à 150.

LETONTURIER E., « Des civils chez les militaires. Civilianisation de l'armée et culture militaire », La Défense (dir. Porteret V.), L'Harmattan, Novembre 2007.

LEVERCHY C., « Définir le mercenaire puis lutter contre le mercenariat », Cultures & Conflits, 52 | HIVER 2003, Les entreprises para-privées de coercition : de nouveaux mercenaires ?, pp. 67-90.

LEYMARIE P., « En Afrique, une nouvelle génération de 'chiens de guerre' », Novembre 2004, Le Monde diplomatique.

LOI n° 2003-340 du 14 avril 2003 relative à la répression de l'activité de mercenaire parue au JO n°89 du 15 avril 2003.

L'UE impose des mesures restrictives à l'encontre du groupe Wagner, Communiqué de presse, 13 décembre 2021, Conseil de l'Union européenne.

Mc INTYRE A. et WEISS T., « Weak governments in search of strength. Africa's experience of mercenaries and private military companies », in CHESTERMAN S. et LEHNARDT C. (dir.), From mercenaries to market. The rise and regulation of private military companies, Oxford University Press, New York, 2007.

MAKKI S., « Externaliser la défense : la politique américaine », Sociologie du travail [Online], Vol. 49 - n° 1 | Janvier-Mars 2007.

« Mali : Moscou s'est opposé à une enquête de l'ONU sur le massacre de Moura », 11 avril 2022, Le Point.

« Mali : la Russie met son veto à l'ONU sur une demande d'enquête sur le massacre présumé de Moura », 9 avril 2022, RFI.

« Mali : Russie et Chine bloquent à l'ONU un texte soutenant les sanctions de la Cedeao », 12 janvier 2022, Le Point.

Mandat permanent permettant à l'Assemblée générale de tenir un débat en cas de recours au droit de veto au Conseil de sécurité, Résolution de l'Assemblée générale, 26 avril 2022, Nations Unies, A/RES/76/262.

Mercenaires et activités liées au mercenariat : évolution des formes, des tendances et des manifestations, Rapport du Groupe de travail sur l'utilisation de mercenaires comme moyen de violer les droits de l'homme et d'empêcher l'exercice du droit des peoples à disposer d'eux-mêmes, 2020, Nations Unies, A/75/259.

Mercenarism and private military and security companies, Groupe de travail des Nations Unies sur l'utilisation de mercenaires comme moyen de violer le droit humanitaire et d'empêcher l'exercice du droit des peuples à disposer d'eux-mêmes, 2018, Nations Unies.

« "On était utilisé comme de la chair à canon" : Marat Gabidullin, ancien mercenaire du groupe Wagner, témoigne et accable la milice russe », D. Schlienger, M. Renier, E. Fornes, L. Lacroix, Y. Kadouch, 10 mai 2022, France 2.

Proposition de résolution commune sur les violations des droits de l'homme commises par des entreprises militaires et de sécurité privées, en particulier le groupe Wagner, 24 novembre 2021, Parlement européen, 2021/2982(RSP).

Protocole additionnel aux Conventions de Genève du 12 août 1949 relatif à la protection des victimes des conflits armés internationaux (Protocole I), 8 juin 1977.

Rapport annuel du Groupe de travail d'experts, 7ème session du Conseil des droits de l'homme, 9 janvier 2008, Nations Unies, A/HRC/7/7.

Rapport annuel du Rapporteur spécial sur la question de l'utilisation de mercenaires comme moyen de violer les droits de l'homme et d'empêcher l'exercice du droit des peuples à disposer d'eux-mêmes (ci-après le Rapporteur spécial sur les mercenaires, présenté à la 55ème session de la Commission des droits de l'homme (CDH), Nations Unies, 13 janvier 1999, E/CN.4/ 1999/11.

Rapport du Groupe de travail sur l'utilisation de mercenaires comme moyen de violer les droits de l'homme et d'empêcher l'exercice du droit des peuples à disposer d'eux-mêmes, Conseil des droits de l'homme, Quarante-huitième session, 13 septembre-1er octobre 2021, Nations Unies.

Rapport mondial sur le développement humain, Programme des Nations Unies pour le développement (PNUD), 1994, Nations Unies.

Résolution du Parlement européen du 25 novembre 2021 sur les violations des droits de l'homme commises par des entreprises militaires et de sécurité privées, en particulier le groupe Wagner, 25 novembre 2021, Parlement européen, 2021/2982(RSP).

Résolution visant à appeler la France et l'Union européenne à inscrire le groupe militaire privé Wagner sur la liste des organisations terroristes, 9 mai 2023, Assemblée nationale, Résolution n°111.

SAFI M., Trump pardons Blackwater contractors jailed for massacre of Iraq civilians, 23 décembre 2020, The Guardian.

Statut de Rome de la Cour pénale internationale, 17 juillet 1998, A/CONF.183/9.

« Tchad: la mort d'Idriss Déby, un président chef de guerre, 2ème épisode de « Mort d'Idriss Déby : enquête sur la grande énigme » », Investigation coordonnée par François Mazet et Florence Morice, avec Franck Alexandre, Madjiasra Nako et Esdras Ndikumana, 16 avril 2022, RFI.

TERCINET J, « Les mercenaires et le droit international », Annuaire Français de Droit International, Numéro 23, 1977, pp. 269-293.

Treasury Sanctions Russian Proxy Wagner Group as a Transnational Criminal Organization, Communiqué de presse, 26 janvier 2023, U.S. Departement of the Treasury.

Union pour le maintien de la Paix, Résolution de l'Assemblée générale, 3 novembre 1950, Nations Unies, A/RES/377(V).

Utilisation de mercenaires comme moyen de violer les droits de l'homme et d'empêcher l'exercice du droit des peuples à l'autodétermination, Résolution de l'Assemblée générale, 18 décembre 2019, Nations Unies, A/RES/74/138.

# Table des matières

## Structures éditoriales du groupe L'Harmattan

**L'Harmattan Italie**
Via degli Artisti, 15
10124 Torino
harmattan.italia@gmail.com

**L'Harmattan Hongrie**
Kossuth l. u. 14-16.
1053 Budapest
harmattan@harmattan.hu

---

**L'Harmattan Sénégal**
10 VDN SICAP AMITIE 3
BP 45034 Dakar-Fann
direction@senharmattan.com

**L'Harmattan Cameroun**
Tsinga/Derrière polyclinique FECAFOOT
BP 11486 Yaoundé
Jacques.koukam@harmattan.fr

**L'Harmattan Burkina Faso**
Villa 281, secteur 23 623, rue 14.32
Ouagadougou
zagbie@outlook.fr

**L'Harmattan Guinée**
Almamya, rue KA 028 OKB Agency
BP 3470 Conakry
harmattanguinee@yahoo.fr

**L'Harmattan RDC**
185, avenue Nyangwe
Commune de Lingwala – Kinshasa
matangilamusadila@yahoo.fr

**L'Harmattan Congo**
219, avenue Nelson Mandela
BP 2874 Brazzaville
deunovmikhael@gmail.com

**L'Harmattan Mali**
Immeuble Mgr Jean Marie Cissé
Aci Hamadallaye
BP 145 Bamako
syllaka@yahoo.fr

**L'Harmattan Togo**
Djidjole – Maison Amela
face EPP BATOME
02 BP 20680 Lomé
didieramela11@gmail.com

**L'Harmattan Côte d'Ivoire**
Résidence Karl – Cité des Arts
Abidjan-Cocody
03 BP 1588 Abidjan
harmattan.ivoire@gmail.com

**L'Harmattan Bénin**
Rue 604, (Immeuble à l'entrée
de la rue UCAO- Cite de Saint-Jean)
Cotonou
stepcorpus@gmail.com

---

## Nos librairies en France

**Librairie internationale**
16, rue des Écoles
75005 Paris
librairie.internationale@harmattan.fr
01 40 46 79 11
www.librairieharmattan.com

**Librairie des savoirs**
21, rue des Écoles
75005 Paris
librairie.sh@harmattan.fr
01 46 34 13 71
www.librairieharmattansh.com

www.ingramcontent.com/pod-product-compliance
Lightning Source LLC
LaVergne TN
LVHW010009081026
849535LV00017B/3537
* 9 7 8 2 3 3 6 4 8 1 3 6 4 *